Selig die Barmherzigen

P. Gerhard Eberts MSF

SELIG DIE BARMHERZIGEN

Andachten | Impulse | Meditationen

benno

Bibliografische Information der Deutschen Nationalbibliothek
Die Deutsche Nationalbibliothek verzeichnet diese Publikation in der Deutschen Nationalbibliografie;
detaillierte bibliografische Informationen sind im Internet über http://dnb.d-nb.de abrufbar.

Besuchen Sie uns im Internet:
www.st-benno.de

Gern informieren wir Sie unverbindlich und aktuell auch in unserem Newsletter zum Verlagsprogramm, zu Neuerscheinungen und Aktionen. Einfach anmelden unter www.st-benno.de.

ISBN 978-3-7462-4490-7

Umschlaggestaltung: birq design, Leipzig
Umschlagabbildung: © Tatyana Gladskih/Fotolia
Gesamtherstellung: Kontext, Lemsel (A)

Inhaltsverzeichnis

Warum ein Heiliges Jahr?

Warum ein Heiliges Jahr? Ist nicht jedes Jahr für gläubige Menschen ein Jahr des Herrn, ein „anno domini"? Und gilt dies nicht umso mehr vom Kirchenjahr, das sich vom 1. Adventssonntag des einen bis zum 1. Adventssonntag des nächsten Jahres erstreckt? Im Kirchenjahr feiern wir die großen Geheimnisse unseres Glaubens und unserer Erlösung. Warum ein Heiliges Jahr? Ist nicht das Kirchenjahr heilig genug?

Was ist ein Heiliges Jahr? Es hat seinen Ursprung im jüdischen Jobeljahr (hebr. jobel = Widderhorn) und wird vom Papst ausgerufen. Ein Heiliges Jahr wurde erstmals im Jahre 1300 durch Papst Bonifaz VIII. gefeiert und sollte ursprünglich alle hundert Jahre stattfinden. Papst Clemens VI. († 1352) verringerte die Frist jedoch auf fünfzig und Papst Paul II. († 1471) auf 25 Jahre. In der Neuzeit gab es Ordentliche Heilige Jahre: 1925 Papst Pius XI., 1950 Papst Pius XII., 1975 Papst Paul VI., 2000 Papst Johannes Paul II.

Außerordentliche Heilige Jahre gab es: 1933 Papst Pius XI.: Jahr der Erlösung, 1954 Pius XII.: Marianisches Jahr, 1983 Papst Johannes Paul II.: Jahr der Erlösung, und nun: 2015/2016 Papst Franziskus: Jahr der Barmherzigkeit.

Papst Franziskus wünscht sich ein „Heiliges Jahr der Barmherzigkeit", das eng verbunden ist mit dem Le-

sejahr C, in dem an den Sonntagen vor allem aus dem Lukas-Evangelium gelesen wird. Lukas gilt als der „Evangelist der Barmherzigkeit".
Wörtlich sagt der Papst: „Das ist die Zeit der Barmherzigkeit. Es ist wichtig, dass die Gläubigen sie leben und in alle Gesellschaftsbereiche hineintragen. Vorwärts!"
Es gibt darüber hinaus einen konkreten Anlass für dieses außerordentliche Heilige Jahr. Am 8. Dezember 1965 – also vor fünfzig Jahren – wurde das Zweite Vatikanische Konzil abgeschlossen. Die Eröffnung des Heiligen Jahres an diesem Datum „ist zugleich eine Einladung, das mit dem Konzil begonnene Werk fortzusetzen", schreiben die deutschen Bischöfe.
Diesem doppelten Anlass – Lukasjahr und Zweites Vatikanisches Konzil – soll auch dieses Büchlein dienen. Es soll eine Hilfe und Anregung sein für Gemeinden, geistliche Gemeinschaften und für einzelne Gläubige, ein Jahr des Heiles zu feiern. Die vorliegenden Texte sind teils komplette Vorlagen, teils Bausteine für Meditation und unterschiedliche Feiern.

Pater Gerhard Eberts MSF

Leibliche Werke der Barmherzigkeit
Hungernde speisen
Durstigen zu trinken geben
Nackte bekleiden
Fremde beherbergen
Kranke besuchen
sich um Gefangene sorgen
Tote in Würde verabschieden

Geistliche Werke der Barmherzigkeit:
Unwissenden lehren
Zweiflern raten
Trauernde trösten
Sünder zurechtweisen
jenen, die Leid zufügen, verzeihen
Lästige ertragen
für alle anderen beten

(Weitere Informationen im Gotteslob Nr. 29,3)

Bausteine für Wortgottesfeiern und Andachten

„Selig die Barmherzigen“
Pilgerweg der Barmherzigkeit fünf Stationen

Dieser Pilgerweg kann eine Wallfahrt, eine Prozession, ein Flurumgang sein. Auch einzelne Stationen innerhalb der Kirche sind geeignet. Ein Vortragskreuz sollte mitgeführt werden; die einzelnen Stationen können auf Plakatwänden angekündet werden. Sinnvoll ist es, Bilder der in der Litanei angerufenen Heiligen – besonders der Heiligen aus unserer Zeit – mitzutragen.

Lied
Dein Lob, Herr, ruft der Himmel aus (GL 381)

Beginn
Im Namen des Vaters und des Sohnes und des Heiligen Geistes.
Der eine und dreifaltige Gott, der alle Wege mit uns geht, sei mit euch.

Sprecher: Wir gehen unseren Pilgerweg schweigend oder im leisen Gespräch. An fünf Stationen machen wir Halt, um über unseren Glauben zu reflektieren, um uns mit den Notleidenden und ihren Helferinnen und Helfern zu solidarisieren, aber vor allem: um Gott zu loben und ihm zu danken.

Erste Station:
Lob des barmherzigen Schöpfers und Vaters

Schriftlesung: 2 Kor 9,10-11
Gott, der Samen gibt für die Aussaat und Brot zur Nahrung, wird auch euch das Saatgut geben und die Saat aufgehen lassen; er wird die Früchte eurer Gerechtigkeit wachsen lassen. In allem werdet ihr reich genug sein, um selbstlos schenken zu können; und wenn wir diese Gabe überbringen, wird sie Dank an Gott hervorrufen.

Psalm 103
GL 57, 1/2 (Verse 1–18)

Gebet
Großer Gott im Himmel,
durch deinen Sohn Jesus Christus
wissen wir, wie du bist: barmherzig wie ein Vater,
gütig wie eine Mutter.
Unser Leben wird reich, wenn wir dich feiern.
Du gehst alle Wege mit uns.

Führe uns in dein kommendes Reich
durch Christus, unsern Herrn. Amen.

Lasst uns gehen in Frieden.

Zweite Station:
Klagelied der Betroffenen

Lied
Aus der Tiefe rufe ich zu dir (GL 283)

Schriftlesung: 2 Kor 1,3-4
Gepriesen sei der Gott und Vater Jesus Christi, unseres Herrn, der Vater des Erbarmens und der Gott allen Trostes.
Er tröstet uns in all unserer Not, damit auch wir die Kraft haben, alle zu trösten, die in Not sind, durch den Trost, mit dem auch wir von Gott getröstet werden.

Sprecher: Die Liste der Klagenden, die um Mitleid und Barmherzigkeit betteln, ist lang. Andere haben resigniert oder sich für Gewalt entschieden.

Wir bitten für Kinder, die Schwerstarbeit leisten müssen, die zum Soldatendienst gezwungen oder die missbraucht werden. Wir bitten für Frauen, die gedemütigt, ausgenützt oder vergewaltigt werden. – *Stille* –

Wir bitten für Männer, die ihre Familie nicht ernähren können, weil sie arbeitslos oder rechtlos sind und deren Freiheit im Krieg missbraucht wird. – *Stille* –

Wir bitten für Gefangene, die ihre Strafe abgebüßt haben, aber keine Zukunftsperspektive finden. – *Stille* –

Wir bitten für Menschen, die unschuldig gefangen gehalten werden, oft erniedrigt und gefoltert. – *Stille* –

Wir bitten für Flüchtlinge, die heimatlos und brotlos sind, die Hunger leiden und sich vergebens nach Heimat und Menschlichkeit sehnen. – *Stille* –

In der Gruppe ist vielleicht jemand, der aus eigener Erfahrung berichten kann: als Betroffener oder als Helfer.

Aus den Klageliedern: Klgl 5,1-5.7.9-11
gesprochen, vielleicht mit einem klagenden Instrument unterlegt
Herr, denk daran, was uns geschehen, blick her und sieh unsere Schmach! An Ausländer fiel unser Erbe, unsere Häuser kamen an Fremde.
Wir wurden Waisen, Kinder ohne Vater, unsere Mütter wurden Witwen.
Unser Wasser trinken wir für Geld, unser Holz müssen wir bezahlen.

Wir werden getrieben, das Joch auf dem Nacken, wir sind müde, man versagt uns die Ruhe.
Unsere Väter haben gesündigt; sie sind nicht mehr. Wir müssen ihre Sünden tragen.
Unter Lebensgefahr holen wir unser Brot, bedroht vom Schwert der Wüste.
Unsere Haut glüht sie ein Ofen von den Gluten des Hungers.
Frauen hat man in Zion geschändet, Jungfrauen in den Städten von Juda.

Stille

Kyrieruf
Mit lauter Stimme ruf ich zum Herrn (GL 162)

Gebet
Gott! Vater! Barmherziger!
Höre auf die Hilferufe aller, die wegen ihres Glaubens oder ihrer Überzeugung in Gefängnissen und Folterkammern leiden müssen.
Stehe denen bei, die für die Menschenrechte und für die Beseitigung totalitärer Systeme demonstrieren.
Bewahre uns vor Sattheit und Selbstzufriedenheit, die unfähig machen für die Nachfolge des Gekreuzigten.
Führe zu Reue und Umkehr alle, die ihre Mitmenschen im Stich gelassen oder verraten haben.

Darum bitten wir durch Christus, unseren Retter und Herren. Amen.
Lasst uns gehen in Frieden.

Sprecher: Wir zeigen unsere Betroffenheit mit dem Elend vieler Menschen und stimmen in ihre Klagen ein. Aber reicht das? Nein, wir müssen auch selbst tätig werden und die unterstützen, die sich für die Betroffenen einsetzen.

Dritte Station: Protest für die Unterdrückten

Lied
Brot, das die Hoffnung nährt (GL 378)

Schriftlesung: Jer 22,3
Sp spricht der Herr: Sorgt für Recht und Gerechtigkeit und rettet den Ausgeplünderten aus der Hand des Gewalttäters. Fremde, Waisen und Witwen bedrängt und misshandelt nicht: vergießt kein unschuldiges Blut an diesem Ort!

Sprecher: Manche Menschen und Gruppen geben sich nicht damit zufrieden, zu beten und still Protest einzulegen. Sie versuchen, als Aktivisten auf intensive Weise bestimmte Ziele zu erreichen. Sie setzen sich

ein für politischen Ziele, insbesondere im Bereich der Wirtschafts-, Umwelt- und Sozialpolitik, sowie für Bürger- und Menschenrechte. Andere setzen sich ein für Tierrechte und gegen Tierversuche, für Umweltschutz und Friedenssicherung. Weil manche dieser Personen und Gruppen über das Ziel hinausschießen, werden sie oft kritisch oder negativ beurteilt. Aber haben Christen ein Recht zu kritisieren, wenn sie bequem in ihren Kirchenbänken sitzen?
Doch auch unter den Christen sind viele, die aktiv das Unrecht in der Welt anprangern. Als Einzelkämpfer oder in Gruppen und Vereinen wie „Pax Christi", die katholische Frauengemeinschaft, Ordensgemeinschaften oder die Hilfswerke wie Misereor und „Brot für die Welt". Viele dieser christlichen „Aktivisten" sind ökumenisch und international vernetzt.

Lebenszeugnisse
„Ich kann nicht in der Nachfolge Jesu leben und über das schreiende Unrecht hinwegsehen."
Lea Ackermann (Ordensfrau und Gründerin von „Solwodi", einem Verein gegen sexuelle Unterdrückung von Frauen)

„Ich weiß, dass unsere Arbeit nicht mehr ist als ein Tropfen auf den heißen Stein. Aber in ein Menschenleben passt nicht mehr hinein als ein Tropfen. Und

wenn jeder seinen Tropfen dazu gibt, kann sich vieles ändern.
Ruth Pfau (Ordensfrau und Lepraärztin in Pakistan)

„Das Wort Radikalität ist zu Unrecht in Verruf gekommen. Es sollte eine neue Wertigkeit bekommen – durch die humanitäre Bewegung, die versucht, ohne Abstriche zu helfen – auch an den ausgelatschten Wegen der Politik vorbei."
Rupert Neudeck (Gründer der Hilfsorganisation „Cap Anamur")

Gebet
Rüttle uns auf, Herr, reiß uns aus dem Schlaf der Sicherheit! Lass uns unseren Brüdern und Schwestern in der Bedrängnis beistehen. Segne alle, die die prophetischen Gaben haben, Unterdrückung und Menschenverachtung anzuprangern. Denn du hast den Klageruf deines Sohnes am Kreuz gehört und ihm Rettung und Heil geschenkt. Er ist unsere Hoffnung, jetzt und in Ewigkeit. **A** Amen.

Lied
Bewahre uns, Gott, behüte uns, Gott (GL 453)

Sprecher: In der Kirche St. Ludgeri in Münster (Westf.) hängt ein Kreuz mit dem gekreuzigten Christus, dem beide Arme fehlen. Sie wurden im Krieg zerstört und von der Gemeinde nicht ersetzt. Das Kreuz wurde mit einer Inschrift versehen, die lautet: „Ich habe keine anderen Hände als die Euren."

Vierte Station: Loblied auf die Retter

Schriftlesung: Eph 2,4-5
Gott aber, der voll Erbarmen ist, hat uns, die wir infolge unserer Sünden tot waren, in seiner großen Liebe, mit der er uns geliebt hat, zusammen mit Christus wieder lebendig gemacht. Aus Gnade seid ihr gerettet.

Lektor: Die Welt ist noch nicht verloren, solange nicht nur Protestler unterwegs sind, sondern auch die Retter. Ihre Liste ist lang. Viele sind wie unsichtbare Engel, ohne Erkennungszeichen oder amtlichen Ausweis. Viele haben fachliche Kompetenz, und die meisten verfügen über reiche Lebenserfahrung Sie trösten, versöhnen, mahnen und warnen. Vor allem aber: Sie packen an! Sie setzen um, was die leiblichen und geistlichen Werke der Barmherzigkeit fordern.
Professionelle Retter sind an Kleidung oder Uniform zu erkennen: Feuerwehr, Polizei, Seelsorger, Rotes Kreuz, Notarzt, Technisches Hilfswerk, Bergrettung, Sozialstation und viele andere mehr.
Ihr Bestreben, anderen zu helfen, ist bestimmt von ih-

rem Können und von der Not oder der Gefährdung der Menschen. Christen fühlen sich besonders motiviert durch das Wort der Schrift und fühlen sich gedrängt, zu helfen, durch Jesus, der als Retter gekommen ist.
Die Begriffe Retter und Rettung sind zentrale Worte der Bibel. Israel hat in der Frühzeit seiner Geschichte Jahwe als Retter erfahren, nicht nur als Retter Israels, sondern aller Völker.
Die Evangelien bezeugen Jesus als den von Gott verheißenen und gesandten Retter und Heiland seines Volkes und aller Menschen. Er ist Herr über Krankheit, Tod und Sünden, er heilt und rettet, doch mit der Befreiung von Krankheit schenkt er das eschatologische Heil. Er bringt das Heil Gottes, die Erlösung. Er führt die Seinen aus dem Reich des Todes in das Reich des Lebens.

Lied
Gott gab uns Atem, damit wir leben (GL 468)

An dieser Station ist es sinnvoll, wenn örtliche Helferinnen und Helfer, erkennbar an ihrer Kleidung oder Uniform, über ihre Einsätze kurz berichten.

Meditation
Du bist der Vater welcher Armen?
Ohne Zweifel der Hilfsbedürftigen,
der Unterdrückten,

der Recht- und Stimmlosen.
Aber vergiss nicht
die anderen Arten der Armut:
die Armen an Liebe,
die Armen an Träumen,
die Armen an Glaube und Hoffnung,
die Armen an Friede.
In deiner unendlichen Barmherzigkeit
umhülle
die Ärmsten der Armen,
– die reichen Armen, die
die die Schatten der Macht umarmen
und durch das Leben gehen
im Glauben intensiv zu leben,
ohne tatsächlich zu leben.
Dom Hélder Câmara
Erzbischof von Recife, Brasilien

Sprecher: Wir sind nicht allein. Wir leben miteinander unseren Glauben in Gemeinde und Kirche. In der Gemeinschaft der Glaubenden fühlen wir uns verpflichtet zur Nächstenliebe. Dabei erhalten wir Unterstützung durch die, die bei Gott vollendet sind. Viele von ihnen verehren wir als Selige und Heilige. Zu ihnen gehören auch die, die uns gelehrt und vorgelebt haben, was es heißt, barmherzig zu sein: nahe Angehörige oder Weggefährten, die schon bei Gott vollendet sind.

Fünfte Station: Gemeinschaft mit den Heiligen der Barmherzigkeit

Lied
Ihr Freunde Gottes allzugleich (GL 542,1.2)

Schriftlesung: Kol 1,12-14
Wir danken dem Vater mit Freuden! Er hat uns fähig gemacht, Anteil zu haben am Los der Heiligen, die im Licht sind. Er hat uns der Macht der Finsternis entrissen und aufgenommen in das Reich seines geliebten Sohnes.

Litanei: Heilige der Barmherzigkeit
Gott Vater, barmherzig gegenüber all deinen Geschöpfen. **A** Herr, erbarme dich.
Gott Sohn, geopfert auf dem Altar der Barmherzigkeit. **A** Christus, erbarme dich.
Gott Heiliger Geist, voll Erbarmen mit allen, die barmherzig sind. **A** Herr, erbarme dich.

Heilige Maria, Mutter der Barmherzigkeit
A Bitte für uns.
Heiliger Evangelist Lukas **A** Bitte für uns.
Heiliger Diakon Stephanus
Heiliger Diakon Laurentius
Heilige Ärzte Kosmas und Damian

Heiliger Ritter Georg
Heiliger Diakon Vinzenz
Heiliger Bischof Nikolaus
Heiliger Bischof Martin
Heiliger Bischof Ulrich
Heiliger Antonius von Padua
Heilige Elisabeth von Thüringen
Heiliger Franz von Assisi
Heilige Hedwig von Andechs
Heiliger Klaus von Flüe
Heiliger Vinzenz von Paul
Heilige Louise von Marillac
Heiliger Kamillus von Lellis
Heiliger Adolph Kolping
Heiliger Konrad von Parzham
Heiliger Damian de Veuster
Heilige Edith Stein
Heiliger Papst Johannes XXIII.
Heilige Schwester Faustina
Heilige Mutter Teresa
Seliger Oscar Romero
Heiliger Papst Johannes Paul II.

Gebet

Himmlischer Vater, du bist barmherzig und gütig. Du hast uns dein Erbarmen gezeigt durch deinen Sohn Jesus Christus, den du als Retter gesandt hast. Du hast Männer und Frauen in die Nachfolge deines Sohnes gerufen, damit sie sein Werk fortsetzen. Groß ist die Schar deiner Heiligen, die Barmherzigkeit geübt haben. Groß ist die Schar der Lebenden, die ihrem Beispiel folgen. Lass auch uns dazu gehören, damit wir Anteil haben am ewigen Leben. Amen.

Lied
Halleluja (GL 544,1.2)

Segen
Der Herr sei mit euch. **A** Und mit deinem Geiste.

Der Herr, der Barmherzige, schenke euch sein Erbarmen, damit ihr barmherzig seid gegenüber Guten und Bösen. Er segne eure Herzen und Hände, damit ihr großzügig weitergebt, was ihr selber empfangen habt. Es begleite und schütze euch der gütige Gott, der Vater und der Sohn und der Heilige Geist. Amen.

Gehet hin und bringet Frieden.

Lied
Großer Gott, wir loben dich (GL 380,1.4.5.10)

Zum Nachdenken

„Wie die Kirche schon in ihrer Frühzeit die Feier der Agape mit dem eucharistischen Mahl verband und so, als Ganze durch das Band der Liebe um Christus geeint, in Erscheinung trat, wird sie zu allen Zeiten an diesem Zeichen der Liebe erkannt. Wenn sie sich auch über alles freut, was andere in dieser Hinsicht tun, nimmt sie doch die Werke der Liebe als ihre eigene Pflicht und ihr unveräußerliches Recht in Anspruch. Der barmherzige Sinn für die Armen und Kranken und die sogenannten caritativen Werke, die gegenseitige Hilfe zur Erleichterung aller menschlichen Nöte, stehen in der Kirche besonders in Ehren."

Zweites Vatikanisches Konzil:
Dekret über das Laienapostolat, Nr. 8

Porta patet – magis cor
Die Tür steht offen – mehr noch das Herz

Im Kirchenraum steht ein Türrahmen, der besonders geschmückt ist. Es kann aber auch eine Tür innerhalb der Kirche benutzt werden.

Lied
Herr, unser Herr, wie bist du zugegen (GL 414)

Einführung
Mit der Öffnung der Heiligen Pforte *(porta aurea)* im Petersdom hat Papst Franziskus das „Heilige Jahr der Barmherzigkeit" begonnen. Weltweit können auch in den Bischofskirchen oder anderen bedeutenden Kirchen besondere Pforten und Türen geöffnet werden. Das ist für uns ein Anlass, in diesem Gottesdienst über Türen, Pforten und Tore nachzudenken.
Wenn bei den Zisterziensermönchen früher Pilger und Ratsuchende an die Klosterpforte klopften, wurden sie mit dem Gruß empfangen: „Porta patet – magis cor – Die Tür steht offen – mehr noch das Herz." Dieser Satz soll uns durch diesen Gottesdienst und das Heilige Jahr begleiten.

1. Lektor: *Alte* Türen sind zu hören, bevor man sie sieht. Sie knarren, ächzen, quietschen oder schwingen leise aus. Sie springen auf oder fallen ins Schloss. *Alte* Türen fordern Aufmerksamkeit. Domtüren sind umrahmt von biblischen Figuren. Burgtore sind dreifach mit Schlössern gesichert. Klosterpforten versprechen Gastfreundschaft oder laden in die Stille ein. *Alte* Tore haben Geschichte und erzählen Geschichten.

2. Lektor: *Neue* Türen sind lautlos. Sie sind glatt wie ein faltenloses Gesicht, ohne Geheimnis. Manche von ihnen werden wie von Geisterhand bewegt. Geräuschlos öffnen und schließen sie sich. Andere bleiben geschlossen. Sie bilden mit der Mauer eine Einheit. Von Kameras überwacht. Sie tragen Schilder „Betteln und hausieren verboten!“ oder „Vorsicht, bissiger Hund!“

1. Lektor: Im Märchen verbergen sich hinter der Tür Heil oder Unheil, Tod oder Leben, der verborgene Schatz oder die lang gesuchte Geliebte. Glücklich der, dem sich die Tür öffnet oder der das Zauberwort kennt oder den Schlüssel besitzt, durch die sich die Tür öffnet lässt.

2. Lektor: Die verschlossene Tür, die sich geheimnisvoll öffnet, gibt es nicht nur im Märchen, sondern auch in der Bibel. Sie ist ein Gleichnis für die dramatische Rettung des Lebens. Durch die Schuld der Menschen ist die Tür des Paradieses verschlossen.

Doch durch das Kommen Christi wird sie wieder geöffnet. Die Tür, die wir nicht selber öffnen können, wird von dem geöffnet, der der Herr des Lebens ist: Jesus Christus.

Kyrie (gesungen)

Vorbeter: „Bemüht euch mit allen Kräften, durch die enge Tür zu gelangen", sagt Jesus (Lk 13,24). Er lässt keinen Zweifel daran: Die Tür ist eng. Darum rufen wir: **Kyrie eleison.**

Vorbeter: „Ich bin die Tür. Wer durch mich hineingeht, wird gerettet werden", sagt Jesus (Joh 10,9). Er macht uns Mut: Die Tür ist offen. Darum rufen wir: **Kyrie eleison**.

Vorbeter: „Ich kenne deine Werke, und ich habe vor dir eine Tür geöffnet, die niemand mehr schließen kann. Du hast nur geringe Kraft, und dennoch hast du an meinem Wort festgehalten", spricht der Herr (Offb 3,8). Was der Engel der Gemeinde von Philadelphia sagt, soll sich auch an uns erfüllen. Darum rufen wir: **Kyrie eleison.**

Vergebungsbitte
Herr Jesus Christus, du trägst den Schlüssel Davids. Vergib uns, wo wir schuldig geworden sind und öffne

uns die Tür deines Erbarmens. Öffne uns Herz und Hände, damit wir denen eine Tür öffnen, die ohne Hoffnung und ohne Liebe sind. **A** Amen.

Gebet

Gott, barmherziger Vater,
du hast uns Jesus geschenkt,
den guten Hirten,
der uns die Tür zum Leben öffnet.
Durch ihn wissen wir, wie du bist:
voller Liebe
zu deinen Geschöpfen
und grenzenlos
in deinem Erbarmen.
Du führst uns
zu einer Familie zusammen,
durch Jesus, unseren Bruder und Herrn.

Psalm 24

GL 633, 3/4

Evangelium: Lk 13,22-30

In jener Zeit zog Jesus auf seinem Weg nach Jerusalem von Stadt zu Stadt und von Dorf zu Dorf und lehrte. Da fragte ihn einer: Herr, sind es nur wenige, die gerettet werden?
Er sagte zu ihnen: Bemüht euch mit allen Kräften, durch die enge Tür zu gelangen; denn viele, sage ich

euch, werden versuchen hineinzukommen, aber es wird ihnen nicht gelingen.
Wenn der Herr des Hauses aufsteht und die Tür verschließt, dann steht ihr draußen, klopft an die Tür und ruft: Herr, mach uns auf! Er aber wird euch antworten: Ich weiß nicht, woher ihr seid.
Dann werdet ihr sagen: Wir haben doch mit dir gegessen und getrunken, und du hast auf unseren Straßen gelehrt. Er aber wird erwidern: Ich sage euch, ich weiß nicht, woher ihr seid. Weg von mir, ihr habt alle Unrecht getan!
Da werdet ihr heulen und mit den Zähnen knirschen, wenn ihr seht, dass Abraham, Isaak und Jakob und alle Propheten im Reich Gottes sind, ihr selbst aber ausgeschlossen seid.
Und man wird von Osten und Westen und von Norden und Süden kommen und im Reich Gottes zu Tisch sitzen. Dann werden manche von den Letzten die Ersten sein und manche von den Ersten die Letzten.

Meditation

Die Tür ist eng.
Den Eintritt ins Gottesreich gibt es nicht zum Nulltarif. Thomas von Kempen schreibt: „Jesus hat viele Freunde seines Tisches, aber wenige Freunde seines Kreuzes.“ Mit Jesus gegessen und getrunken zu haben, reicht nicht. Die Frage „Werden nur wenige gerettet?“ wird nicht beantwortet. Die Antwort lautet:

Strengt euch an! Die Forderung Jesu ist dringend, aber nicht drohend. Für den, der glaubt und der den Glauben lebt, lautet die tröstliche Botschaft:
Die Tür ist offen.
Sie ist weit geöffnet für alle Gottsuchenden von Abraham bis zu den Propheten. Sie ist weit geöffnet für alle Gottsuchenden von Ost und West, von Nord und Süd. Der Evangelist Lukas bleibt sich auch in diesem Evangelium seiner Kernbotschaft treu: „Die Letzten werden die Ersten sein." Den Armen gehört das Himmelreich. Und die, die ihnen gegenüber barmherzig sind, gehen ein durch die geöffnete Tür. Zum Fest aller Völker.

Fürbitten
Ein Sprichwort sagt: „Wo Menschen Mauern bauen, öffnet Gott eine Tür." Um Gottes Barmherzigkeit wollen wir bitten:

Für die Kinder und Jugendlichen: um die Fülle des Lebens und um die Freude am Glauben: – *Stille* –
A Herr, schenke uns dein Erbarmen.

Für die alten und kranken Menschen: um Lebensmut und Glaubensgewissheit: – *Stille* –
A Herr, schenke uns dein Erbarmen.

Für die Flüchtlinge: um Rettung und Heimat: – *Stille* –
A Herr, schenke uns dein Erbarmen.

Für die Strafgefangenen: um Vergebung und um einen Neuanfang: – *Stille* –
A Herr, schenke uns dein Erbarmen.

Für die Eltern und Erzieher: um die Liebe die Tür offen zu halten: – *Stille* –
A Herr, schenke uns dein Erbarmen.

Für die Geschiedenen Wiederverheirateten: um eine Kirche der Barmherzigkeit: – *Stille* –
A Herr, schenke uns dein Erbarmen.

Für die Christen aller Konfessionen: um das gemeinsame Zeugnis für das Evangelium durch die Einheit in Verschiedenheit: – *Stille* –
A Herr, schenke uns dein Erbarmen.

Für die Christen, die aus der Kirche ausgetreten sind: um die Rückkehr in die Gemeinschaft der Gläubigen im Heiligen Jahr der Barmherzigkeit: – *Stille* –
A Herr, schenke uns dein Erbarmen.

Für die Nichtgetauften und für die Nichtglaubenden: um den gemeinsamen Einsatz für Gerechtigkeit, Frieden und Bewahrung der Schöpfung: – *Stille* –
A Herr, schenke uns dein Erbarmen.

Herr, wir vertrauen auf deine Barmherzigkeit, durch die du uns zum Vater führst im Heiligen Geist. Lob sei Gott in Ewigkeit. **A** Amen.

Wir beten das Gebet, das Jesus uns gelehrt hat und das allen Christen gemeinsam ist:

A Vater unser ...

Friedensgebet und Friedensgruß

Lied

Herr, gib uns deinen Frieden (GL 834)

Symbolisches Zeichen

(Orgel oder Instrumentalmusik)
Jeder ist jetzt eingeladen, durch den aufgestellten Türrahmen zu gehen.
Als „Ausweis“ bekommt jeder ein Kärtchen mit einem Bibelwort oder einem Psalmwort (z. B. aus dem Kapitel „Barmherzigkeit – Zitate aus der Bibel“, S. 104ff.).

Segen

Wir bitten um den Segen des Vaters, der die Tür seines Hauses weit öffnet für den verloren Sohn.
Wir bitten um den Segen Jesu Christi, der als Guter Hirt die Tür zu den Schafen ist.

Wir beten um den Segen des Heiligen Geistes, der am Pfingstfest die verschlossenen Türen geöffnet hat. So segne euch der allmächtige und barmherzige Gott, der Vater und der Sohn und der Heilige Geist.

Lied
Herr, ich bin dein Eigentum (GL 435)

Zum Nachdenken

Mein Glaube
ist nicht mehr das
was er einmal war
löchrigen Schuhen gleich
wird er durchnässt
von den Pfützen des Zweifels
Doch
ich setze meinen Weg fort
im Vertrauen auf den
der mich
auf den Weg gebracht hat
in der Hoffnung auf den
der mir am Ziel
die wunden Füße
waschen wird

Ein Gnadenjahr nach Lukas

Lied
Liebster Jesu, wir sind hier (GL 149)

Einführung
Das Heilige Jahr der Barmherzigkeit findet in dem Jahr statt, in dem liturgisch vor allem das Evangelium nach Lukas gelesen wird. Der Evangelist Lukas war Arzt, und sein Evangelium verkündet vor allem die Liebe und Barmherzigkeit Jesu. Wir werden uns im „Lukas-Jahr“ immer wieder an die therapeutische Wirkung dieses Evangeliums erinnern. Heute wollen wir uns mit der Person des Evangelisten und seiner Botschaft vertraut machen.

Christusrufe
Christus Sieger, Christus König (GL 560,1.4)

Evangelium: Lk 4,16-19
So kam er auch nach Nazaret, wo er aufgewachsen war, und ging wie gewohnt, am Sabbat in die Synagoge. Als er aufstand, um aus der Schrift vorzulesen, reichte man ihm das Buch des Propheten Jesaja. Er schlug das Buch auf und fand die Stelle, wo es heißt:
Der Geist des Herrn ruht auf mir;
denn der Herr hat mich gesalbt.

Er hat mich gesandt,
damit ich den Armen
eine gute Nachricht bringe;
damit ich den Gefangenen
die Entlassung verkünde
und den Blinden das Augenlicht,
damit ich den Zerschlagenen
in Freiheit setze
und ein Gnadenjahr des Herrn ausrufe.

Meditation

1. Sprecher: Als Jesus sich in seiner Heimatstadt Nazaret vorstellt, in der Synagoge seine „Antrittsrede" hält, greift er auf einen alten Text zurück, auf einen Text, der den Juden wichtig war, auf einen Text des Propheten Jesaja. Jesus kündigt an, dass er den Armen, Gefangenen, Blinden und Zerschlagenen die frohe Botschaft bringen will.

Lukas versucht in dem Evangelium, das seinen Namen trägt, konsequent nachzuweisen, dass Jesus den Jesajatext zur Grundlage seiner Predigt und seines Wirkens macht. So entschließt er sich, „sorgfältig alles der Reihe nach aufzuschreiben", obwohl es schon mehrere schriftliche Berichte über das Wirken, den Tod und die Auferstehung Jesu gibt (Lk 1,1-4).

Dieses Vorhaben ist umso erstaunlicher, weil Lukas kein Augenzeuge ist, er ist angewiesen auf die Berichte derer, die von Anfang an Augenzeugen und Diener des

Wortes, also Zeugen Jesu Christi waren. An ihre Überlieferung, so beteuert Lukas, wird er sich sorgfältig halten.
Adressat seiner Aufzeichnungen ist ein gewisser Theóphilus, den er in der Überzeugung bestärken will, dass er den richtigen Glauben angenommen hat. Der Bibelwissenschaftler Heinz Schürmann ist davon überzeugt, dass dieser Theóphilus nicht nur ein privater Adressat dieses Evangeliums gewesen sei, sondern eine Art Verleger, der dafür sorgte, dass das Evangelium nach Lukas verbreitet wird.

2. Sprecher: Aber wer ist Lukas? Das dritte Evangelium wird erst im 2. Jahrhundert mit dem Namen Lukas in Verbindung gebracht. Moderne Bibelwissenschaftler sagen, das Lukasevangelium sei ebenso wie die dem Lukas zugeschriebene Apostelgeschichte in einem Team von mehreren unbekannten Autoren verfasst worden. Männer, die alle sehr gebildet waren, denn sie können die hebräische Bibel, das Alte Testament, im Griechischen lesen. Was spricht dagegen, dass das Team von einem Autor geleitet wird, der dem Werk seinen Namen gibt: der Evangelist Lukas?

1. Sprecher: Nach der Überlieferung der Kirche wurde der Evangelist Lukas in Antiochien in Syrien als Heide geboren. Er ist ein Begleiter des Apostels Paulus. Nicht nur sein Name, auch sein Beruf wird im Kolosserbrief genannt: Lukas, der Arzt (Kol 4,34). Lukas begleitete den Apostel Paulus auf der zweiten und vierten Missionsreise und war wohl auch während der römischen Gefangenschaft in seiner Nähe. Ob Lukas seinen Arzt-Beruf noch ausgeübt hat, oder ob er wie der Arzt Eckart von Hirschhausen in das Medienfach gewechselt ist, wird nicht überliefert. Aber dass Lukas Arzt war, prägt sein ganzes Evangelium.

2. Sprecher: Das Evangelium des Lukas hat therapeutische, hat heilende Wirkung. Lukas belegt durch sein Evangelium, wie Jesus das Jesaja-Zitat, auf das er sich in Nazaret berufen hat, in seiner Verkündigung, in seinen Taten und in seinem Leben umgesetzt hat. Es ist das Evangelium der Liebe und der Barmherzigkeit. Hier wird die umfassende Liebe Gottes sichtbar. Das zeigt sich in vielen Gleichnissen Jesu, die nur Lukas überliefert hat. Einige seien genannt: das Gleichnis vom verlorenen Schaf und der verlorenen Drachme (15,2-10) und vor allem das Gleichnis vom verlorenen Sohn oder besser: das Gleichnis vom barmherzigen Vater (15,11-32). Gleichnisse der Barmherzigkeit sind auch die Geschichten vom Pharisäer und dem Zöllner im Tempel (18,9-14) und vom reichen Mann und dem armen Lazarus (16,19-31). Dieses Gleichnis macht auch deutlich, dass Barmherzigkeit für Lukas nicht eine bloße Zugabe zum Glauben ist, sondern eine zentrale Forderung. Das zeigt sich auch in der für Lu-

kas charakteristischen Warnung vor dem Reichtum. (6,24 f.; 12,13-27 u. a.)
Der Evangelist Lukas schildert die Barmherzigkeit des Erlösers aber nicht nur in Gleichnissen, sondern vor allem in der Begegnung mit den Menschen. Lukas zeigt uns, wie die Liebe Gottes in die Tat umgewandelt wird und wie Jesus mit dem Kranken, dem Ausgeraubten, dem Ausgestoßenen Schmerz und Not mitempfindet. Und ganz ungewöhnlich für die damalige Zeit: Er begegnet den Frauen mit großem Respekt. Die ergreifende und zupackende Liebe des Menschensohns wird besonders sichtbar im Gleichnis vom „barmherzigen Samariter". Der Schluss dieses Gleichnisses ist uns allen gesagt: Geht hin und tut desgleichen ..." Der Mensch findet Heilung, wenn er nicht mehr nur an sich denkt, sondern anderen hilft.
Für Lukas ist Christus der „Mensch", der Heil und Heilung bringt. Heilung bedeutet für Lukas die Herstellung der menschlichen Würde und Harmonie.

1. Sprecher: Heilung aber geschieht nicht erst dort, wo von Heilungswundern berichtet wird. Heilung geschieht auch bereits durch die meisterhafte Kunst des Erzählers Lukas.
Die Legende erzählt, Lukas sei nicht nur Arzt, sondern auch Maler gewesen. Darüber wird mancher liberale Bibelexperte nur den Kopf schütteln. So wie er vielleicht auch abschätzig lächelt über die Be-

richte der Geburt und Kindheit Jesu, die es nur im Lukasevangelium gibt. Alles nur Legenden, heißt es. Das ist klar: Journalistische Reportagen sind diese Geschichten nicht. Aber die Wahrheit dieser Geschichten, so hat es Karl Rahner einmal formuliert, reicht weit hinab über den gemauerten Brunnenrand des gesicherten geschichtlichen Wissens tief in den Brunnen der Menschheit, reicht bis zu den Quellen des Lebens.

2. Sprecher: Lukas erzählt,
dass Gottes Sohn auf wunderbare Weise Mensch wird, geboren von der Jungfrau,
dass dieses Wunder der Menschwerdung Gottes nicht im Zentrum der damaligen Welt geschieht, in Rom oder Jerusalem, sondern tief in der Provinz in Betlehem,
dass der Sohn Gottes nicht in einem Palast zur Welt kommt, sondern in einem Stall,
dass Gott nicht als Riese mit magischen Kräften erscheint, sondern als Baby,
dass ihn zuerst die Hirten finden, das Kindlein, in Windeln gewickelt,
dass dieser Gott also nicht über den Wolken thront, sondern lebt unter den Menschen, ein schwaches Geschöpf wie wir.
Das rührt und berührt uns nicht nur. Das heilt uns in der Tiefe unseres Menschseins.

Der frühere Bischof von Limburg, Franz Kamphaus, hat die Intention des Lukasevangeliums auf die knappe und zutreffende Formulierung gebracht: Mach es wie Gott, werde Mensch!

1. Sprecher: Das Evangelium nach Lukas wurde nicht für eine bestimmte religiöse Klasse geschrieben und nicht für einen bestimmten Ort. Es ist universal und spricht Gelehrte und einfache Menschen, Erwachsene und Kinder an. Es ist ein Evangelium für alle Menschen guten Willens – also auch für uns.
Immer dort, wo Christen versuchen, nach dem Evangelium des Lukas zu leben, wird ihnen ein „Gnadenjahr des Herrn“ (Lk 4,18) geschenkt, ein „Heiliges Jahr“.

Lied
Magnificat, magnificat (GL 390)

Fürbitten
Für die Kirche, dass sie Barmherzigkeit nicht nur lehrt, sondern lebt.
Für die Barmherzigen, dass sie nicht ausgebrannt und enttäuscht sind, sondern Dankbarkeit und Anerkennung erfahren.
Für die Unbarmherzigen, dass sie umkehren und ihr Leben nicht nutzlos und zum Schaden für andere vergeuden.

Für die Frauen, dass sie sich vom Evangelium angesprochen und in ihrer Würde bestätigt fühlen.
Für die Verlorenen, dass sie heimkehren ins Haus des barmherzigen Vaters.
Für uns alle, dass wir missionarisch wirken, um die Freude des Evangelium zu verkünden und auszustrahlen.
Für die Beichtväter, dass ihr Dienst dem Leben dient und sie barmherzig sind.
Für alle, die in der Lebensberatung und Seelsorge tätig sind, dass sie auch in schwierigen Situationen kompetent und einfühlsam den betroffenen Menschen helfen.

Vater unser

Friedensgruß

Segen

Zum Nachdenken

DU
komm nach Hause
aus der Verweigerung
aus der Verbitterung
aus der Auflehnung
DU
komm nach Hause
die Tür ist nicht verschlossen
das Evangelium kein Buch
mit sieben Siegeln
und das Brot reicht für alle
ER
deutet uns die Schrift
und bricht uns das Brot
ER fängt die Sonne auf
im Glanz seines Ostertages

Mach aus mir einen Regenbogen

Lied
Dass du mich einstimmen lässt in deinen Jubel (GL 389)

Begrüßung
Gott, der seine Sonne aufgehen lässt über Böse und Gute, und der es regnen lässt über Gerechte und Ungerechte, sei mit euch.

Sprecher: Vor vielen tausend Jahren kam über die Erde eine große Wasserflut. Die meisten Menschen ertranken. Nur wenige wurden gerettet. Von dieser Flut wird in den Geschichten vieler Völker berichtet.
Auch die Bibel erzählt von der Sintflut. Aber die Bibel sagt auch, warum diese Katastrophe kam. Sie berichtet, dass die Menschen nicht mehr an Gott geglaubt hätten. Schlimmer noch: Sie haben sich über Gott lustig gemacht. Gott wollte jeden Menschen retten, der gut war. Aber er fand nur eine Familie, die gut war. Es war die Familie des Noach. Sie rettete Gott durch die Arche. Den Noach und seine Frau, seine Söhne und deren Frauen und Kinder rettet Gott. Und mit den Familien rettete Gott die Tiere. Vierzig Tage dauerte die Wasserflut. Als sich endlich das Wasser verlaufen hatte, als die Arche auf festem Boden stand und als

die Taube einen Ölzweig brachte, dankte Noach Gott für die Rettung und brachte ein Opfer dar.

– Instrumentalmusik –

Spielszene

Eine Mutter: Viele Väter und Mütter sagen: unser Leben ist grau. Wir sehen keinen Regenbogen. Wir fühlen uns eingemauert in den Beruf und in die Familie.

Wir haben keine großen Erwartungen mehr. Manchmal möchte man ausbrechen und bunten Träumen nachlaufen.

Ein Jugendlicher: Viele junge Menschen sehen keinen Regenbogen. Sie sagen: Unsere Zukunft ist grau in grau. Und die Schule ödet uns an. Manche wollen sich farbige Träume verschaffen durch Alkohol oder Drogen.

Älterer Mensch: Mein Leben ist grau, so sagen auch ältere Menschen. Sie fühlen sich abgeschoben und nutzlos. Viele sind einsam und viele sind krank. Nur die Erinnerungen an früher trösten. So flüchten sich alte Menschen in eine heile Welt der Nostalgie.

Ein Kind: Ihr Erwachsenen sagt: Wenigstens die Kinder haben ein buntes und frohes Leben. Aber da sieht man, dass ihr keine Ahnung habt! Euch sind doch die Parkplätze wichtiger als die Kinderspielplätze! Auch für uns ist vieles grau. Wir träumen von einer bunten Welt ohne Angst und ohne Erwachsene ...

Sprecher: So geht es nicht! Keiner sieht den Regenbogen! Alle stöhnen, die Welt sei grau. Jeder macht sich seine eigenen Träume. Dabei sieht er den Mitmenschen nicht, der darauf wartet, dass einer Farbe in sein Leben bringt. Kommt, wir zaubern den Regenbogen herbei.

An die Mitwirkenden der Spielszene werden Tücher verteilt.

Kind *(gelbes Tuch)***:** Meine Farbe ist das Gelb. Die leuchtende Farbe der Sonne: die lebendige Farbe des Lebens.

Jugendlicher (grünes Tuch)**:** Meine Farbe ist das Grün. Die kräftige Farbe des Wachsens. Die sanfte Farbe des Hütens und Pflegens.

Mutter (rotes Tuch)**:** Meine Farbe ist das Rot. Die leuchtende Farbe der Liebe. Die zündende Farbe des Heiligen Geistes.

Älterer Mensch (violettes Tuch)**:** Nur noch eine Farbe ist mir geblieben: Das Violett. Es ist die Farbe der tapferen Geduld. Die Farbe der adventlichen Erwartung.

Einer aus der Gruppe: Wir müssen nicht unser Leben grau in grau malen. Wenn jeder sich zu seiner Farbe bekennt, wenn einer für den anderen eintritt, wenn jeder sein Leben für den anderen lebt, sind wir ein bunter Regenbogen. Wenn Jung und Alt, Eltern und Kinder, Kranke und Gesunde zusammenhalten, sind wir eine gute Gemeinschaft.

Die Mitwirkenden der Spielszene bieten den Gottesdienstbesuchern Tücher in den verschiedenen Farben an. Sie führen einen Reigen mit den Tüchern auf. Dann laden sie die Gottesdienstteilnehmer ein, auch ihre Tücher zu schwenken. Die Band spielt leise Musik, die in ein gesungenes Halleluja übergeht. Die Mitwirkenden begleiten das Lektionar zum Ambo.

Lesung: Gen 9,8-10.13-14.15a.c
Gott sprach zu Noach und seinen Söhnen, die bei ihm waren: Hiermit schließe ich meinen Bund mit euch und mit euren Nachkommen und mit allen Lebewesen bei euch, mit den Vögeln, dem Vieh und allen Tieren des Feldes, mit allen Tieren der Erde, die mit euch aus der Arche gekommen sind.
Meinen Bogen setze ich in die Wolken, er soll das Bundeszeichen sein zwischen mir und der Erde. Balle

ich Wolken über der Erde zusammen und erscheint der Bogen in den Wolken, dann gedenke ich des Bundes.
Das Wasser wird nie wieder zur Flut werden, die alle lebendigen Wesen vernichtet.

Ansprache

Der Faszination des Regenbogens kann sich kaum jemand entziehen. Verzaubert sehen wir, wie sich nach einem Wolkenbruch die Sonnenstrahlen in den Wasserperlen brechen und sich ein Regenbogen entfaltet. Heute wissen viele, wie ein Regenbogen physikalisch entsteht. Doch wissen wir noch, wofür dieses Symbol steht? Der Regenbogen ist eine Brücke zwischen den Menschen, zwischen dem Menschen und der Natur und nicht zuletzt zwischen Mensch und Gott. Auch einer, der nur wenig in der Bibel gelesen hat, kennt die Verheißung nach dem Strafgericht der Sintflut. Als Noach mit seiner Familie und den vielen Tieren die rettende Arche verlässt und ein Dankopfer darbringt, steht ein Regenbogen am Himmel. Die Stimme Gottes aus den Wolken deutet dieses neue Zeichen: *„Nie wieder soll eine Flut kommen und die Erde verderben. Meinen Bogen setze ich in die Wolken; er soll das Bundeszeichen sein zwischen mir und der Erde."* (Gen 9,11b.13)
Der Regenbogen für sich allein verspricht noch keinen Frieden. Im Gegenteil: Im Hebräischen ist das

Wort Regenbogen gleichlautend mit dem Wort Kriegsbogen. Erst die Deutung durch Gottes Wort macht den Bogen zum Zeichen des Friedens: Gott verbündet sich mit jenen Menschen, die Frieden machen untereinander und mit der Natur. Im Zeichen des Regenbogens haben immer wieder Menschen die Regenschauer der Trauer oder der Enttäuschung hinter sich gelassen, sie haben die Gewitter des Streites oder des Hasses überwunden und sich die Hand zur Versöhnung gereicht.

Viele Menschen erleben ihren Alltag grau in grau. Der leuchtende Kreis des Regenbogens mit seinen sieben Farben macht ihnen Mut, die Farben im eigenen Leben zu entdecken und sie mit anderen zu teilen: durch die Freude an der Natur, durch Gespräche und Hobbys, durch positive Gedanken und gute Taten, durch das tapfere Ertragen von Kummer und Leid. Jede Farbe, die ein Einzelner in sein Leben bringt, macht die Welt zum Regenbogen.

Zu den Lieblingserzählungen nicht nur von Kindern gehört die Erzählung des Italieners Leo Lionni, die Erzählung von der Maus Frederik. Während die Mäuse im Herbst eifrig Beeren und Nüsse sammelten, saß sie in der Sonne und träumte. Als man sie deswegen tadelte und fragte, was sie tue oder warum sie nichts tue, gab sie zur Antwort: *„Ich sammle Farben."*

Es kam ein langer, grauer Herbst, und es drohte ein harter Winter. Noch bevor der Winter zu Ende war,

waren alle Mäusevorräte aufgezehrt. Die Mäuse waren verzweifelt. Da tröstete Frederik sie mit seinen gesammelten Geschichten von Sonnenstrahlen, von Wärme und Farben.
Der Regenbogen lädt dazu ein – wie die Maus Frederik – Farben zu sammeln und das eigene Leben und das Leben anderer farbiger zu gestalten.

Lied
Meine Hoffnung und meine Freude (GL 365)

Besinnung
Kind: Heute sind wir Gottes Regenbogen.
Wenn mir miteinander feiern,
wenn wir uns zusammen freuen,
leuchtet meine gelbe Farbe wie die Sonne.

Jugendlicher: Heute sind wir Gottes Regenbogen.
Wenn wir Gottes Schöpfung hüten,
wenn wir Bäume pflanzen statt Raketen zünden,
leuchtet meine grüne Farbe wie die Wiese.

Mutter: Heute sind wir Gottes Regenbogen.
Wenn wir aufeinander hören,
wenn wir auch die Fremden lieben,
leuchtet meine rote Farbe wie das Feuer.

Älterer Mensch: Heute sind wir Gottes Regenbogen.
Wenn wir uns die Schuld vergeben,
wenn wir miteinander uns versöhnen,
leuchtet meine violette Farbe wie das Abendglühn.

Schlussgebet

Allmächtiger Gott, du erneuerst uns durch deine Sakramente. Gewähre uns deine Hilfe und mache den Bund der Erlösung, den wir gefeiert haben, auch in unserem Leben wirksam. Durch Christus, unseren Herrn. **A** Amen.

Segen

Lied

Mein Hirt ist Gott, der Herr (GL 421)

Zum Nachdenken

Den Frieden
nicht nur aufs Papier bringen
den Frieden
nicht nur in den Mund nehmen
den Frieden
In die Hand nehmen

Zum Nachdenken

Herr, ich lebe kaum noch,
der Puls der Gnade
schlägt nur noch schwach.
Hol mich auf die Intensivstation
deiner Barmherzigkeit.
Belebe mich mit den
Atemzügen der Gebete.
Hänge mich an den Tropf
deiner Sakramente.
Lass mich den heilenden Schmerz
deines Kreuzes verspüren.
Und hänge das Schild an die Tür,
das allem Eintritt verwehrt,
was mich von dir wegzieht.

Bußandacht im Advent: Schlüsseldienst, bitte!

Lied

Macht hoch die Tür (GL 218,1.2.5)

Im Namen des Vaters und des Sohnes und des Heiligen Geistes. **A** Amen.
Gnade und Friede von Gott unserem Vater und dem Herrn Jesus Christus sei mit euch.
A Und mit deinem Geiste.

Einführung

Zu Beginn haben wir „Macht hoch die Tür ...“ gesungen. In diesen Tagen sind wir eingeladen, die Türen unseres Herzens weit aufzutun und die Wohnung unseres Herzens für die Ankunft des kleinen Kindes und doch großen Gastes zu bereiten. Kindliche Vorfreude auf das Fest der Geburt des Herrn darf auch Erwachsene erfüllen. Um die Tür zu öffnen, brauchen wir den passenden Schlüssel. Dazu hören wir ein Wort aus der Offenbarung des Johannes.

Lesung: Offb 3,7-8

So spricht der Heilige, der Wahrhaftige,
der den Schlüssel Davids hat,
der öffnet, sodass niemand mehr schließen kann,
der schließt, sodass niemand mehr öffnen kann:

Ich kenne deine Werke,
und ich habe vor dir eine Tür geöffnet,
die niemand mehr schließen kann.
Du hast nur geringe Kraft,
und dennoch hast du an meinem Wort festgehalten
und meinen Namen nicht verleugnet.

Besinnung

Wenn Sie einen Schlüssel oder Schlüsselbund bei sich haben, dann nehmen Sie ihn bitte heraus und legen Sie ihn vor sich hin. Es ist schön, wenn viele mitmachen!

Wir schauen auf den Schlüssel und überlegen: Was für ein Wunder ist ein Schlüssel! Ein kleiner Schlüssel kann zentnerschwere Türen öffnen. Ein Zündschüssel kann ein Auto in Bewegung setzen.
Was wäre unser Leben ohne Schlüssel?! Wie hilflos waren wir, als wir sie verlegt oder verloren hatten? Wie viel Zeit haben wir schon bei der Suche nach dem verlegten oder verlorenen Schlüssel geopfert?
Auch wenn heute immer mehr Karten statt Schlüssel in Gebrauch sind, so wird der „Schlüssel" immer ein starkes Symbol bleiben. Im übertragenen Sinn brauchen wir Schlüssel, um Menschen aufzuschließen, die mit uns leben oder uns begegnen. Es sind ganz kleine Schlüssel, die die Herzenstüren öffnen können, mit Händen, die noch wissen, was Zärtlichkeit ist.

Gewissensfragen

Welche Schlüssel brauche ich, um Herzen zu öffnen? Soll ich versuchen, Türen gewaltsam zu öffnen? Wer es mit Zwang versucht, hat jedes Mal verloren, weil er andere nur unter Druck setzt und Gefühle zertritt.

Welcher Mensch wurde für mich zu einem Schlüssel, der mir etwas aufgeschlossen hat? Welche Menschen spielen eine Schlüsselrolle in meinem Leben? Habe ich ihnen schon einmal gedankt?

Was waren Schlüsselereignisse in meinem Leben? Betrifft das auch den Glauben und das Leben mit der Kirche?

Meditation

Den Schlüssel verloren! Der Schreck sitzt tief! Aufatmen! Er wurde nur verlegt. Doch schlimmstenfalls ging er wirklich verloren und muss nachgemacht werden. Doch es geht nicht nur um Wohnungs- oder Autoschlüssel. Es geht auch um den Schlüssel zum Glück oder zum Herzen eines Menschen. Das Symbol Schlüssel lehrt, ohne Gewalt vorwärts zu kommen.

- Glück und Fleiß, so sagt der Volksmund, sind die Schlüssel zum Erfolg.
- Gesunde Ernährung und Sport sind die Schlüssel zur Gesundheit.
- Gute Manieren öffnen auch heute noch Türen.

- Das Gebet ist der Schlüssel, der uns den Zugang zu Gott öffnet.

Manchmal bekommen wir auch mehr. Wir entschlüsseln den geheimnisvollen Text eines Schlüsselromans, gewinnen Zugang zu den Mysterien des Glaubens oder lassen uns durch den Notenschlüssel die Himmel der Musik öffnen. Ein anderer findet den Schlüssel zur großen Liebe. Ein Werner von Tegernsee (12. Jahrhundert) ist darüber so glücklich, dass er seiner Angebeteten schwört: „Du bist beslozzen in minem Herzen; verloren ist das slüzzelin: du muost immer drinne sin."
Doch was ist, wenn die *Hochzeit* zur *Normalzeit* wird? Wie findet man den Schlüssel zu einer dauerhaften Partnerschaft? Wer gibt Eltern und Erziehern den richtigen Schlüssel in die Hand, wenn Kinder und Jugendliche in den schwierigen Entwicklungsjahren total verschlossen sind?
Wer erschließt uns den Sinn von Alter, Krankheit und Tod?

„Zum Glück gib es den Schlüsseldienst!", heißt es im Alltag. Den Schlüsseldienst gibt es auch im übertragenen Sinn. Der Glaube ist ein solcher Schlüsseldienst – nicht nur zum vordergründigen Glück, sondern zum Sinn des Lebens. Da wird die Bibel zu einem Buch der Tröstungen und der Verheißungen, aber auch der

Mahnung zur Umkehr. Die törichten Mädchen, die zur Hochzeit zu spät kommen, klopfen vergebens an die verschlossene Tür, während den klugen die Tür geöffnet wird.
Wir leben von Menschen, die Türen öffnen oder offen halten, die ihren Schlüssel nicht dazu benutzen, Macht auszuüben, sondern anderen zu dienen.
Jesus hat seinen Jüngern die Vollmacht gegeben, zu öffnen und zu schließen. Vor allem dem Petrus.
Darum trägt er den Schlüssel. Doch Petrus und seine Kollegen sind nur Stellvertreter. Der eigentliche Schlüsselträger ist Jesus selbst. Jesus trägt den Schlüssel zum Leben, er selbst ist der Schlüssel zum Leben. Doch was er damals seinen Jüngern zugetraut hat, das traut er heute auch uns zu: Wir können und dürfen in seinem Auftrag den Schlüsseldienst übernehmen.

Am Beginn dieses Heiligen Jahres wurde in Rom die Heilige Pforte geöffnet. Und nicht nur in Rom, sondern überall in der katholischen Welt wurden Türen symbolisch geöffnet. Das darf nicht darüber hinwegtäuschen, dass viele Türen noch verschlossen sind, weil Menschen sich ausgeschlossen fühlen oder weil Menschen sich, aus welchen Gründen auch immer, sich selber verschließen. Da heißt es: Bitte Schlüsseldienst! Der Schüssel, der uns anvertraut ist, heißt Barmherzigkeit.

Lied
Wir ziehen vor die Tore der Stadt (GL 225)

Gemeinsame Gewissenserforschung
Wir laden Sie ein, sich die folgenden Minuten Zeit zu nehmen und sich folgende Fragen zu stellen. – (Orgelspiel)

Sprecher 1
Wo stand ich vor verschlossenen Türen?
Traue ich mich anzuklopfen, wenn ich Hilfe brauche?
Nehme ich auch die Situationen an, die meine Lebenspläne durchkreuzen?
Wie gehe ich mit Enttäuschung um? – *Stille* –

Sprecher 2
Kann ich freundlich bleiben, auch wenn ich abgewiesen werde?
Erfahre ich, dass Menschen zu mir halten?
Wenn ich verzweifelt bin: vertraue ich auf Gottes Hilfe? Bete ich?
Danke ich Gott für alles, was er mir im Leben gab und gibt? – *Stille* –

Sprecher 1
Wo habe ich Türen nicht geöffnet?
Verurteile ich Menschen?
Bin ich solidarisch mit den Armen und den Hilfsbedürftigen?

Bin ich bereit, andere zu trösten?
Feiere ich regelmäßig Gottesdienste mit? – *Stille* –

Sprecher 2
Wo verschließe ich Türen?
Achte ich jedes menschliche Leben?
Bin ich mir dessen bewusst, dass alles Leben seine Würde von Gott hat?
Stören mich Kinder?
Was belastet mich als Vater und Mutter?
Kümmere ich mich um die alten Eltern?
Fällt es schwer, andere zu bitten?
Wie danke ich? – *Stille* –

Bitte um das Erbarmen Gottes
Wir bitten Gott und einander um Vergebung und beten das Allgemeine Schuldbekenntnis:
A Ich bekenne ...

Vergebungsbitte
Nachlass, Vergebung und Verzeihung unserer Sünden gewähre uns der gute und barmherzige Gott. Er lasse uns mit Freuden dem Geburtsfest seines Sohnes entgegengehen. **A** Amen.

Lied
Kündet allen in der Not (GL 221,1-3)

Fürbitten

Gott unser Vater, dein Sohn Jesus Christus ist der Schlüssel zum Leben. Wo er öffnet, kann niemand mehr schließen. Im Vertrauen darauf bitten wir:

Für alle Männer und Frauen, die den Auftrag haben, deine Botschaft zu verkünden und weiterzugeben:
A Herr, erhebe dich, hilf uns und mach uns frei. (GL 229)

Für alle Mächtigen der Welt, die für Völker und Nationen Verantwortung übernommen haben:
A Herr, erhebe dich ...

Für alle, die schuldig geworden sind an dir und den Menschen und denen die Kraft zu einem Neuanfang fehlt:
A Herr, erhebe dich ...

Für alle, die eingeschlossen sind, weil sie schuldig geworden sind und für die vielen, die unschuldig in Gefängnissen ausharren müssen:
A Herr, erhebe dich ...

Vater, im Himmel, in der Erwartung der Ankunft deines Sohnes, unseres Herrn Jesus Christus, danken wir dir für deine immerwährende Güte und Barmherzigkeit, jetzt und für alle Zeit und beten, wie der Herr uns zu beten gelehrt hat:

Vater unser

Friedensgruß

Am Weihnachtsfest werden die Engel den Frieden verkünden. Damit dieser Friede aber bei uns ankommt, müssen wir uns jetzt schon für ihn öffnen und ihn uns gegenseitig ermöglichen.

Der Friede des Herrn sei allzeit mit euch.

Zum Abschluss nehmen wir alle die Schlüssel oder den Schlüsselbund in die Hand und schütteln sie kräftig, so dass es richtig scheppert. Dann verstaut jeder seine Schlüssel oder seinen Schlüsselbund wieder sorgfältig in der Tasche.

Segen

Der Segen des allmächtigen und barmherzigen Gottes, des Vaters und des Sohnes und des Heiligen Geistes komme über euch und bleibe allezeit. **A** Amen.

Gehet hin in Frieden.
A Dank sei Gott, dem Herrn.

Lied

Herr, send herab uns deinen Sohn (GL 222,1.5.8.9)

Zum Nachdenken

Eingehüllt in Licht
und von Maria und Josef
zärtlich begrüßt
Gottes schönstes Geschenk
in trockenen Tüchern
Die Freude spiegelt sich
in den Gesichtern der Hirten
stumm staunt die Herde
Welch ein Wunder
der ewige Gott
geht auf Tuchfühlung
zum sterblichen Menschen

Bußandacht in der österlichen Bußzeit „Jetzt schauen wir – wie in einen Spiegel“

In der Nähe des Altars steht ein großer Spiegel.

Lied
Gott ruft sein Volk zusammen (GL 477)

Eröffnung

Priester: *Liturgischer Gruß*

1. V.: Die meisten Tage beginnen mit einem Blick in den Spiegel. Manchmal sind wir zufrieden mit dem, was wir dort sehen. Wir schauen unser Abbild im Spiegel und denken: Bin ich die Person dort? Wir entdecken in unserem Gesicht Spuren des Lebens und des Alltags. Hin und wieder macht uns unser eigener Anblick nachdenklich. Bevor wir das Haus verlassen, nehmen wir uns an der Garderobe noch schnell einen Augenblick Zeit für einen zweiten Blick in den Spiegel. Wir verändern noch kurz etwas an der Kleidung, streichen uns durch das Haar und brechen auf. Alles muss in Ordnung sein, es gilt ja der Spruch: „Wie du kommst gegangen, so wirst du empfangen.“ Das Unschöne, das Störende, das Unpassende wird mit einem Handstreich beseitigt.

2. V.: Wenn wir uns einmal die Zeit nehmen, um uns intensiv im Spiegel zu betrachten, so öffnet sich das Bild, das wir sehen. Unsere Augen und unser Blick richten sich auf das *innere* Bild. Wir erkennen das Bild unserer Seele. In der Bibel lesen wir: *„Wie Wasser ein Spiegel ist für das Gesicht, so ist das Herz des Menschen ein Spiegel für den Menschen" (Spr 27,19).*
Das Herz ist in der Tat unser inneres Spiegelbild. Auf diesem inneren Spiegelbild erkennen wir Fehler und Schwächen, Versagen und Schuld, aber genauso auch Fähigkeiten und Begabungen, Stärken und Können. Manchmal wird der Spiegel auch grau und stumpf. Dann ist es gut, ihn zu putzen, damit er wieder klar wird und das Licht widerspiegeln kann.

1. V.: Viele von uns kennen noch das Wort vom „Beichtspiegel". Das neue Gotteslob spricht vom „Gewissensspiegel" (GL 599). Ein Gewissensspiegel soll helfen, sich auf den Empfang des Bußsakramentes vorzubereiten. Mit seiner Hilfe erforschen wir unser Gewissen, in dem wir uns fragen, was wir gegen die Zehn Gebote oder das Hauptgebot der Liebe gesündigt haben.

2. V.: Bei dieser *Bußandacht* aber schauen wir als Gemeinde in den Spiegel unseres Herzens, und fragen vor allem, was wir uns als Gemeinschaft der Gläubigen schuldig geblieben sind. Wenn wir in diesen inneren Spiegel schauen, wollen wir aber auch erkennen, wo unsere Stärken liegen und was wir mit der Gnade Gottes beitragen können für die Familie, für die Pfarrgemeinde und für die Gesellschaft.

Kyrieruf

Bekehre uns, vergib die Sünde, schenke, Herr, uns neu dein Erbarmen" (GL 266,1.3.4.6)

Gebet

Gott, du hast uns nach deinem Ebenbild geschaffen. Unser Bestreben ist es, unser Leben so zu führen, dass sich deine Gegenwart und Liebe in unseren Worten und Taten widerspiegeln. Doch diesem Anspruch sind wir oft nicht gerecht geworden. Das Spiegelbild deiner Herrlichkeit ist verzerrt und durch unser Versagen unscharf geworden.
Gib uns den Mut, uns wirklich anzuschauen und offen vor dir unsere Schuld zu bekennen. Erwecke in uns durch den Blick in den göttlichen Spiegel die Sehnsucht nach dir und das Vertrauen auf dich. Hilf uns, einander zu vergeben, damit wir als deine Söhne und Töchter von Neuem deine Liebe wiederspiegeln durch Jesus Christus, deinen Sohn und unseren Herrn, der mit dir und dem Heiligen Geist lebt und uns liebt in Zeit und Ewigkeit. **A** Amen.

Gewissenserforschung

Was sehen wir, wenn wir in den Spiegel schauen? Wir sehen uns selbst!

- Bin ich in mich selbst verliebt oder kann ich mich selbst nicht ausstehen? – *Stille* –
- Wo bringe ich mich gerne ein? – *Stille* –
- Wo fällt es mir schwer, einen festen Standpunkt zu vertreten? – *Stille* –
- Suche ich nach der Wahrheit oder belüge ich mich selbst? – *Stille* –
- Hänge ich mein Herz an die materiellen Dinge oder bin ich bereit, mit anderen zu teilen? – *Stille* –

Meditative Unterbrechung, beispielsweise durch eine Trommel oder einen Gong

Was sehen wir, wenn wir in den Spiegel schauen? Wir sehen unsere Mitmenschen!

- Welche Beziehungen pflege ich? – *Stille* –
- Trage ich zu einem guten Geist in der Gemeinschaft bei? – *Stille* –
- An welchen Lebenssituationen nehme ich Anteil? – *Stille* –
- Wo habe mich an etwas bereichert, das mir nicht zusteht? – *Stille* –
- Habe ich Menschen bewusst geschadet? – *Stille* –
- Kann ich verzeihen? Oder bin ich nachtragend? – *Stille* –

Trommel/Gong

Was sehen wir, wenn wir in den Spiegel schauen? Wir sehen uns, als Geschöpfe Gottes!

- Welchen Platz nimmt Gott in meinem Leben ein?
  – Stille –
- Bin ich überzeugt, dass Gott barmherzig ist und mir meine Fehler und meine Schuld vergibt?
  – Stille –
- Wann danke ich Gott für das Gute, das ich erfahren durfte? *– Stille –*
- Pflege ich mein geistliches Leben durch Gebet, Gottesdienst und Nächstenliebe? *– Stille –*
- Hilft mir mein Glaube auch in schwierigen und schmerzhaften Situationen? *– Stille –*
- Wo gebe ich im Alltag Zeugnis von meinem Glauben? *– Stille –*

Trommel/Gong

Lesung: 1 Kor 13,1-3.8-10.12-13
Wenn ich in den Sprachen der Menschen und Engel redete, hätte aber die Liebe nicht, wäre ich dröhnendes Erz oder eine lärmende Pauke. Und wenn ich prophetisch reden könnte und alle Geheimnisse wüsste und alle Erkenntnis hätte; wenn ich alle Glaubenskraft besäße und Berge damit versetzen könnte, hätte aber die Liebe nicht, wäre ich nichts. Und

wenn ich meine ganze Habe verschenkte, und wenn ich meinen Leib dem Feuer übergäbe, hätte aber die Liebe nicht, nützte es mir nichts.
Die Liebe hört niemals auf. Prophetisches Reden hat ein Ende, Zungenrede verstummt, Erkenntnis vergeht. Denn Stückwerk ist unser Erkennen, Stückwerk unser prophetisches Reden; wenn aber das Vollendete kommt, vergeht alles Stückwerk.
Jetzt schauen wir in einen Spiegel und sehen nur rätselhafte Umrisse, dann aber schauen wir von Angesicht zu Angesicht. Jetzt erkenne ich unvollkommen, dann aber werde ich durch und durch erkennen, so wie ich auch durch und durch erkannt worden bin.
Für jetzt bleiben Glaube, Hoffnung, Liebe, diese drei; doch am größten unter ihnen ist die Liebe.

Meditation
Der Dichter Ovid erzählt von einem schönen Jüngling, Narzis mit Namen, der an einer Quelle sein Spiegelbild betrachtet. Dabei gerät er in eine Art Wahn: Er verliebt sich in sein Spiegelbild und versucht am Ende verzweifelt, es zu greifen und festzuhalten. Am Ende stirbt der schöne Jüngling an der Quelle, nach anderen Schriftstellern stürzt er ins Wasser.
Nach diesem Narziss wird die Selbstverliebtheit in sein eigenes Spiegelbild Narzissmus genannt. Narzisten können blenden. In den Märchen gibt es mehrere Beispiele dafür. Am bekanntesten ist wohl die

Erzählung von „Schneewittchen", wo die Stiefmutter der Stieftochter die Schönheit nicht gönnt. Sie spricht mit ihrem Spiegel: „Spieglein, Spieglein an der Wand, wer ist die Schönste im ganzen Land?"
Der Spiegel kann sprechen.
Was sagt uns der Spiegel?
Schmeichelt er mir?
Täuscht er mich?
Oder sagt er mir die Wahrheit?
Das Gegenteil des in sich selbstverliebten Narziss ist Jesus. Er ist der Mensch für andere. Er braucht nicht in sich verliebt sein, weil er ganz in Gott, seinem Vater geborgen ist. Wer mich sieht, sieht den Vater. Das ist das eine. Das andere: Wer Jesus sieht, sieht den Menschen. „Was ihr anderen Gutes getan habt, das habt ihr mir getan."

Lied
Ich will dich lieben, meine Stärke (GL 358,1-4)

Vergebungsbitte
Wir haben in den Spiegel der Selbsterkenntnis, der Gemeinschaft und des Glaubens geschaut und so unser Leben in den Blick genommen. Uns sind Risse und Flecken in unserem Spiegelbild bewusst geworden. Gott bietet uns die Vergebung unserer Schuld an. Im Vertrauen auf seine versöhnende Liebe lasst uns unsere Sünden vor ihm und voreinander beken-

nen, indem wir das allgemeine Schuldbekenntnis sprechen:
A Ich bekenne, Gott dem Allmächtigen ...

Der treue Gott erbarme sich unser. Er nehme von uns alle Sünde und Schuld. Er nehme von uns, was uns trennt von ihm und voneinander. Er mache uns von Neuem zu einem Spiegelbild seiner Herrlichkeit. Er lasse uns mit frohem und bereitem Herzen dem Osterfest entgegengehen und schenke uns einst das ewige Leben.

Alle sind eingeladen, nach vorne zu gehen, in den Spiegel zu schauen, einen kritischen Blick auf sich selbst zu riskieren und sich dann ein Lächeln zu schenken. Dazu meditatives Orgelspiel.

Vaterunser
Gott spricht: Schau nicht ängstlich in den Spiegel. Du darfst ein Spiegel meiner Größe und Menschenfreundlichkeit sein, ein Abbild meines geliebten Sohnes, Jesus Christus. So wollen wir beten, wie Jesus uns zu beten gelehrt hat.
A Vater unser ...

Friedensgruß
Versöhnt mit Gott finden wir Frieden mit ihm und untereinander. Christus ist unser Friede und unsere Ver-

söhnung. Er schenke uns und seiner Kirche Einheit und Frieden. Der Friede des Herrn sei alle Zeit mit uns allen. Teilen wir den Neubeginn unseres Lebens mit anderen, indem wir uns den Frieden gegenseitig wünschen.

Segensgebet

Herr, unser Gott, bekehre dein Volk, dass es sich aus ganzem Herzen zu dir wendet. Du bleibst unser Helfer, auch wenn wir gefehlt haben, denn deine Liebe ist größer als unser Versagen.
So segne uns, Gott der Vater und der Sohn und der Heilige Geist. **A** Amen.

Geht hin und lebt den Frieden.
A Dank sei Gott dem Herrn.

Lied

Manchmal feiern wir mitten im Tag (GL 472)

Zum Nachdenken

Wenn schon die eine Erde
Wohnung aller Menschen ist,
wird nicht der eine Himmel
unser aller Heimat sein?

Wenn schon das eine Wasser
alles Leben möglich macht,
wird nicht der eine Schöpfer
unser aller Quelle sein?

Wenn schon die eine Sonne
allen Menschen leuchtet,
wird nicht der eine Vater
unser aller Leben sein?

Marienandacht
Maria – Vorsängerin der Barmherzigkeit

Lied
Singt dem Herrn ein neues Lied (GL 409,1.2.4)

Begrüßung
Der Herr, der uns seine Mutter zur Mutter gegeben hat, sei mit euch.
A Und mit deinem Geiste.

Sprecherin: Wir haben viele Namen für Maria, die Mutter Jesu, die Gottesmutter. Wir verehren und rufen sie an unter zahlreichen Titeln. Heute laden wir euch ein, Maria als Vorsängerin des neuen Gottesvolkes zu verehren. Lernen wir von Mirjam, unserer Schwester im Glauben, von Maria, der Mutter unseres Erlösers, das neue Lied zu singen, so wie sie es vorgesungen hat im Haus des Zacharias und der Elisabet.

Priester: Zuvor wollen wir uns einstimmen auf das Lob Gottes, indem wir um Vergebung bitten für unser Versagen.

Schuldbekenntnis
Oft finden wir nicht den richtigen Ton, sodass unser christliches Zeugnis unglaubwürdig wird vor der Welt:
A Kyrie eleison (GL 156)

Viele sind heute religiös unmusikalisch. Unsere Melodien sind zu wenig mitreißend. Wir tun zu wenig, damit sie von uns das Lied des Glaubens lernen:
A Christe eleison (GL 156)

Wir stellen unsere eigene Stimme und unsere eigenen Interessen in den Vordergrund, sodass die Armen und Schwachen in unser Lied nicht einstimmen können.
A Kyrie eleison (GL 156)

Priester: Schöpfer der Welt, die ganze Schöpfung singt dein Lob. Engel und Heilige preisen deine Güte. Wir bekennen vor dir, dass unsere Lieder oft zu traurig sind, als dass sie in diesen Lobpreis einstimmen könnten. Schuld und Versagen verschließen uns den Mund. Wir bitten dich, Herr, öffne unsere Lippen, damit sie sein Lob verkündigen. Lass uns durch die Jungfrau und Gottesmutter Maria das Lied der Erlösung lernen, damit wir dich preisen, durch Jesus Christus unseren Bruder und Herrn. **A** Amen.

Magnificat
GL 631, 3/4
Wenn es besonders festlich sein soll: mit Weihrauch; im Wechsel von Vorsängerin und Volk; oder gesungen von einem Chor.

Meditation

Maria singt zu einer Zeit, als es in Israel keine großen Hoffnungen gab. Es gab keine Propheten und im Land herrschten die Römer. Viele in ihrem Volk waren religiös gleichgültig. Trotzdem singt Maria ein Loblied auf Gott. Inhaltlich ist das zunächst der Dank dafür, dass sich die Verheißungen Gottes erfüllen. Und sie selbst ist Trägerin dieser Verheißungen, auf deren Erfüllung ein „heiliger Rest" sehnsüchtig wartet. Maria ist in einzigartiger Weise berufen, zur Erfüllung dieser Verheißungen beizutragen. „Du sollst die Mutter des Messias werden", so hat es ihr der Engel gesagt. Darum singt Maria: „Mein Geist jubelt über Gott, meinen Retter. Denn auf die Niedrigkeit seiner Magd hat er geschaut." (Lk 1,47.48a)

Warum kann Maria singen? Die Frage ist nicht, ob sie stimmlich eine gute Sängerin war. „Ich bin religiös unmusikalisch", so hat der Philosoph Jürgen Habermas gesagt und wahrscheinlich vielen Zeitgenossen aus dem Herzen gesprochen. Von Maria nun dürfen wir sagen, dass sie religiös höchst musikalisch ist. Sie besitzt das „absolute Gehör", wenn es auf das Hören im Glauben geht.

Ihr ganzer Lebensweg zeigt, dass sie die Melodie Gottes in sich aufnimmt wie eine hochbegabte Künstlerin. Sie hört diese Melodie und folgt ihr nicht nur am Anfang ihrer Erwählung, als sie dem Engel sagt: „Mir

geschehe nach deinem Wort", sondern sie übt immer wieder diese Melodie und hält sogar an ihr fest, als die Melodie schrill und dissonant wird, in der Katastrophe des Kreuzes. Wenn Maria den richtigen Ton findet, trotz Leid und Kreuz, dann ist das nicht ihr Verdienst. Es ist der Sieg ihres Sohnes – seine Auferstehung.
1633 hat der Jesuit Friedrich von Spee, der sich für Frauen einsetzte, die als Hexen verbrannt werden sollten, und der sich um Pestkranke kümmerte, mitten in diesem Leid großartige Lieder gedichtet. In einem unserer schönen Osterlieder hat Friedrich von Spee einen Dialog mit Maria geführt. Wir wollen drei Strophen dieses Liedes singen:

Lasst uns erfreuen herzlich sehr (GL 533)

Der Dichter fragt also Maria, die doch gerade noch unter dem Kreuz geweint hat: Warum bist du nun fröhlich? Der Dichter gibt sich selbst die Antwort: *„Sag an, Maria, Jungfrau rein, kommt das nicht von dem Sohne dein? Ach ja, dein Sohn erstanden ist, nun freut sich alles, was da ist, Halleluja."*

Diese Freude möchte Maria mit anderen teilen. Sie singt kein privates Lied, sondern ein politisches. Die Aussagen ihres „Magnificat" sind „Umkehrformeln". Das heißt, ihr Magnificat stellt die Gesetze der Welt auf den Kopf: Die Mächtigen werden gestürzt, die

Niedrigen erhöht, die Hungernden werden satt und die Satten gehen leer aus.
Wir haben das Magnificat schon oft gehört und gesungen, so dass es uns nicht mehr besonders berührt. Vielleicht sind wir aber auch skeptisch, weil wir nicht wirklich an diesen Umsturz glauben. Wo, so fragen wir uns, werden denn die Mächtigen gestürzt, die Armen erhöht oder die Randgruppen in die Mitte der Gesellschaft geführt?
Als Jesus kam, da standen die Bettler und Lahmen im Mittelpunkt, da wurde den Sündern der Tisch gedeckt, die Kinder wurden gesegnet und die Frauen wurden in ihrer Würde bestärkt. Die Menschen damals haben gespürt, dass dies der Anfang des Reiches Gottes ist. Und Maria hat dieses Gottesreich in ihrem Lied angekündigt und sich durch ihr Leben für dieses Gottesreich entschieden.

Wir dürfen erfahren, dass Maria uns wie eine gute Mutter über den Kopf streichelt oder uns wie eine liebende Schwester in den Arm nimmt und uns sagt: Glaub an deine Würde! Sei überzeugt, dass Gott deinen Weg zum Guten führt, auch wenn du jetzt vielleicht noch kein Licht siehst. Hör auf zu klagen und lerne das Lied der Befreiung. Lass dich befreien von deinem Schmerz und von deinem Kummer, aber auch von deiner Angst oder von deinem Selbstmitleid. Sei barmherzig mit dir selbst.

Und Maria sagt weiter: Wenn ihr Befreiung erfahren habt, dann zögert nicht, euch für die einzusetzen, die heute um ihre Rechte betrogen und in ihrer Würde gedemütigt werden. Seid barmherzig.
Die Tapferkeit der Gottesmutter Maria ist unlöslich mit ihrer Demut verbunden. Sie selber ist überzeugt, dass sie zu den Armen und Geringen gehört: „Er hat auf meine Niedrigkeit geschaut." Denn was ist sie denn, gemessen an der Größe und Heiligkeit Gottes? Aber gerade dort trifft sie der liebende Blick Gottes.

Der Lobgesang Mariens predigt keinen Klassenkampf, will keine Revolution ausrufen, nach deren Erfolg die Armen die Plätze der Reichen einnehmen und sich dann so gebärden wie diese. Maria besingt den Sieg der Liebe. Die neue Sitzordnung wird von der Geschwisterlichkeit bestimmt und die Tischregeln tragen nicht die Handschrift des Herrschens, sondern die des Dienens. Das ist die Barmherzigkeit, die nicht nur „herzig" ist, sondern die wehtut, weil sie ins „Herz" trifft.
„Ein Schwert wird dein Herz durchdringen", so hat der greise Simeon Maria im Tempel vorausgesagt. Nicht von ungefähr ist in Deutschland das am meisten verehrte Marienbild das der Schmerzhaften Mutter. Der Schmerz, der eigene und der fremde, gibt unserm Lied die Tiefe. Aber es soll und darf nicht beim Schmerz bleiben. Gott ist es, der den Sieg davonträgt; darum „jubelt mein Geist über Gott, meinen Retter".

Lied
Alleluia (GL 174,1)

Lesung: Apg 1,12-14
Als Jesus in den Himmel aufgefahren war, kehrten die Apostel vom Ölberg, der nur einen Sabbatweg von Jerusalem entfernt ist, nach Jerusalem zurück. Als sie in die Stadt kamen, gingen sie in das Obergemach hinauf, wo sie nun ständig blieben: Petrus und Johannes, Jakobus und Andreas, Philippus und Thomas, Bartholomäus und Matthäus, Jakobus, der Sohn des Alphäus, und Simon, der Zelot, sowie Judas, der Sohn des Jakobus. Sie alle verharrten dort einmütig im Gebet, zusammen mit den Frauen und mit Maria, der Mutter Jesu, und mit seinen Brüdern.

Sprecher: Nach der Auferstehung Jesu versammeln sich seine Jünger und Jüngerinnen zusammen mit Maria, der Mutter Jesu, um den Heiligen Geist zu empfangen. Der Heilige Geist hat Maria das Lied der Befreiung gelehrt. Im Abendmahlssaal wird sie zur Vorsängerin in der Gemeinschaft der Kirche, die bis heute weltweit bei ihrem Abendgebet den Lobgesang Mariens, das Magnificat, singt.

Marienrufe
Zu Maria rufen wir, damit sie für uns Fürsprache halte bei ihrem Sohn.

Maria, du Vorsängerin des neuen Bundes:
Wir bitten dich für alle, deren Mund verschlossen ist durch Leid und Kummer:
A Mutter Gottes, wir rufen zu dir (GL 568,1)

Wir bitten dich für alle, deren Herzen verhärtet sind durch Egoismus und Reichtum:
A Mutter Gottes ...

Wir bitten dich für alle, deren Hände gefesselt sind durch Gewalt, Folter, Krieg oder Flucht:
A Mutter Gottes ...

Wir bitten dich für alle, die keine Stimme mehr haben, weil sie sich müde geschrien haben in ihrem Einsatz für Gerechtigkeit und Frieden:
A Mutter Gottes ...

Wir bitten für alle, die in der Freude am Evangelium immer wieder das Lied der Befreiung singen und es andere lehren:
A Mutter Gottes ...

„Singen ist doppeltes Beten", so hat Augustinus gesagt. Mit Maria wollen wir darum den Vater loben, indem wir das Gebet singen, das Jesus seine Jüngerinnen und Jünger gelehrt hat:

Vater unser
GL 661,8

Segen
Der Her segne uns. Er bewahre uns vor Unheil und führe uns zum ewigen Leben. **A** Amen.

Lied:
Segne du, Maria (GL 535)

Zum Nachdenken

Durch das Wort, das der Lebensquell selber ist,
kam die umarmende Mutterliebe Gottes hernieder.
Sie nährt uns zum Leben,
sie steht uns bei in der Gefahr,
sie ist das tiefste, mildeste Erbarmen,
das uns den Weg der Umkehr zeigt.
Voll Mitleid gedachte Gott
seines großen Werkes, des Menschen,
den er aus Erdenlehm gebildet und dem er
den Atem des Lebens eingehaucht hat.

Hildegard von Bingen († 1179)

Meditationen

Die folgenden drei Meditationen nehmen Bezug auf zentrale Themen im Apostolischen Schreiben „Evangelii Gaudium“ (2013) von Papst Franziskus: Barmherzigkeit – Freude – an die Ränder gehen. Diese und die weiteren Meditationen sind geeignet für die persönliche Betrachtung, als Baustein für eine Andacht oder einen Wortgottesdienst oder auch als Vorlage für eine Predigt.

Barmherzigkeit – Christus ist die Mitte

Schriftlesung: Jak 2,12-13
Redet und handelt wie Menschen, die nach dem Gesetz der Freiheit gerichtet werden. Denn das Gericht ist erbarmungslos gegen den, der kein Erbarmen gezeigt hat. Barmherzigkeit aber triumphiert über das Gericht.

Meditation
Eine Umfrage der italienischen Zeitschrift „Famiglia Cristiana“ ergab folgendes: „Unter den Botschaften, die von Papst Franziskus ausgehen, wird am stärksten sein Appell für Barmherzigkeit wahrgenommen,

sowie für eine Kirche, die sich um die Verletzten und Armen kümmern soll."

Als Papst Franziskus den Beichtvätern von Santa Maria Maggiore kurz nach seiner Wahl im März 2013 zurief „Seid barmherzig!", wurde das zunächst nur am Rande wahrgenommen: Dann aber wurde schnell deutlich, dass mit diesem Wort das ganze Programm von Papst Franziskus umschrieben ist.
„Barmherzigkeit verändert die Welt, macht sie weniger kühl und gerechter", sagt Franziskus bei seiner ersten Generalaudienz. Und er kommt sofort auf das Gleichnis vom verlorenen Sohn zu sprechen, das ja eher ein „Gleichnis vom barmherzigen Vater" sei als ein „Gleichnis vom verlorenen Sohn".
Papst Franziskus geht es um das richtige Gottesbild: Gott ist ein Vater, der den Ausreißer in Liebe wieder aufnimmt. „Er ist ein geduldiger Vater, der immer auf uns wartet. Er respektiert unsere Freiheit, bleibt selbst aber immer treu. Wenn wir zu ihm zurückkehren, empfängt er uns wie Söhne in seinem Haus. Er hört nie auf – nicht einmal für einen Moment, uns in Liebe zu erwarten", sagt Franziskus.
Im Blick auf die Kirche betont der Papst, im ganzen Leben der Kirche müsse man immer wieder deutlich machen, dass die Initiative bei Gott liegt, „dass er uns zuerst geliebt hat" (1 Joh 4,19) und dass es „nur Gott ist, der wachsen lässt".

In seiner Barmherzigkeit beugt sich Gott herab zu den Niedrigen. Er tut noch mehr: Er steigt herab in die Niedrigkeit des Menschen, in unsere Armseligkeit, in unsere Sterblichkeit. Die Menschwerdung Jesu ist die Menschwerdung der Barmherzigkeit Gottes. Der Sohn Gottes ist, wie es in einem Hochgebet heißt, die „ausgestreckte Hand“ des Vaters. Die Zeit, in der Jesus Christus auf Erden wirkt, ist die Hoch-Zeit der Barmherzigkeit Gottes. Weil Gott barmherzig ist, will Papst Franziskus viele Menschen dafür gewinnen, barmherzig zu sein und Erbarmen zu zeigen.

Der Jesuit, der den Namen Franziskus wählte

Wenn dieser Papst die Barmherzigkeit in die Mitte seines Pontifikats stellt, wirft das ein Licht auf die Spiritualität von Papst Franziskus. Die Antwort scheint einfach: Er ist Jesuit, Mitglied der Gesellschaft Jesu. Im Mittelpunkt seiner Spiritualität steht natürlich Jesus Christus. Die Spiritualität von Papst Franziskus hat aber noch eine Besonderheit: In die Mitte seines Pontifikats stellt er vor allem den Jesus, der sich den Armen zuwendet und der deswegen selber arm wird; den Jesus, der sich als barmherziger Samariter um den kümmert, der unter die Räuber gefallen ist; den Jesus, der als guter Hirte das verlorene Lamm auf seine Schultern nimmt. Jesus spricht nicht nur über die Barmherzigkeit. Er strömt sie aus in der Hingabe seines Lebens durch seinen Erlösungstod.

Der Papst aus dem Jesuitenorden hat den Namen Franziskus gewählt. So verbinden sich jesuitische und franziskanische Spiritualität. Zum ersten Mal hat ein Papst den Namen des Bettelmönchs von Umbrien angenommen. Franziskus, so sagte Bergoglio später einmal, sei für ihn „ein Mann der Armut, der Mann des Friedens, der Mann, der die Schöpfung liebt und bewahrt". Und Papst Franziskus fügt an: „Ach, wie möchte ich eine arme Kirche für die Armen!"

Das hat Konsequenzen für die, die mit Papst Franziskus in die Nachfolge Jesu eintreten. Im Gleichnis vom barmherzigen Samariter antwortet Jesus auf die Frage „Wer ist mein Nächster?" Papst Franziskus wird nicht müde, auf Jesus zu verweisen, der in verschiedenen Gleichnissen die unbegrenzte Barmherzigkeit Gottes beschreibt und dagegenstellt, wie kleinlich es ist, wenn der Mensch unbarmherzig ist gegenüber seinen Mitmenschen. Jesus identifiziert sich beim Weltgericht in einer Weise mit den Notleidenden, dass die Werke der Barmherzigkeit zum entscheidenden Kriterium für die Rettung aus dem Gericht werden. So wie es Jesus in den Seligpreisungen der Bergpredigt gesagt hat: „Selig die Barmherzigen, denn sie werden Erbarmen finden."

Papst Franziskus ist davon überzeugt: Das hat heute eine immense Bedeutung! Viele Menschen erfahren die Welt, die heutige Gesellschaft, manche auch die Kirche als kalt und unbarmherzig. Das betrifft die

Leistungsgesellschaft, in der Ellenbogen mehr gefragt sind als offene Hände. Das betrifft die Menschen, die trotz der sozialen Netze, die von der Politik, der Wirtschaft oder der Kirche gespannt werden, durch diese Netze hindurchfallen. Andere Netze der Barmherzigkeit funktionieren oft nicht mehr, wie zum Beispiel die Nachbarschaft, die Familie oder auch die Pfarrgemeinden. Nicht wenige Menschen empfinden vor allem die Medienwelt als unbarmherzig: Die Rede ist von einer Form der Medien, die Menschen verheizt, um die Quote zu halten, die auch nach Jahren vergebene und vergessene Fehler gnadenlos ans Licht der Öffentlichkeit zerrt.

Da ist die Begeisterung für einen Papst verständlich, der nicht nur von Barmherzigkeit spricht, sondern sie auch durch großartige Gesten verstehbar macht. Von seiner Kirche erwartet der Papst, dass sie sich nicht als „Herrin der Vergebung“ aufspielt, sondern als „Dienerin der Barmherzigkeit“ auftritt. „Sie freut sich jedes Mal, wenn sie dieses göttliche Geschenk weitergeben kann.“ Die Priester erinnert er konkret daran, dass „der Beichtstuhl keine Folterkammer sein darf, sondern ein Ort der Barmherzigkeit des Herrn“.
Beim Rückflug vom Weltjugendtag in Rio de Janeiro 2013 sagt Papst Franziskus in die Mikrophone der Journalisten: „Die Kirche ist eine Mutter. Sie muss sich mit Barmherzigkeit um die Verletzten kümmern.

Und wenn der Herr nicht müde wird zu verzeihen – dann haben wir keine andere Wahl."

Freude – statt Grabesstimmung

Schriftlesung: Lk 10,17-20
Die Zweiundsiebzig kehrten zurück und berichteten voll Freude: Herr, sogar die Dämonen gehorchen uns, wenn wir deinen Namen aussprechen. Da sagte er zu ihnen: Ich sah den Satan wie einen Blitz vom Himmel fallen. Seht, ich habe euch die Vollmacht gegeben, auf Schlangen und Skorpione zu treten und die ganze Macht des Feindes zu überwinden. Nichts wird euch schaden können. Doch freut euch nicht darüber, dass euch die Geister gehorchen, sondern freut euch darüber, dass eure Namen im Himmel verzeichnet sind.

Einführung
Mit seinem Apostolischen Schreiben „Evangelii gaudium" hat Papst Franziskus ein „Reformprogramm" vorgelegt. Er will alle Gläubigen mitnehmen auf den Weg der Erneuerung und fragt: „Was soll ich tun? Was sagt euch der Heilige Geist, den ihr ja alle bei der Taufe und durch die Firmung empfangen habt? Wohin will uns der Heilige Geist führen?"

Um diese Fragen zu beantworten, gibt Papst Franziskus ein „Schlüsselwort" mit auf den Weg; das Wort heißt: Freude. „In diesem Schreiben möchte ich mich an die Christgläubigen wenden, um sie zu einer neuen Etappe der Evangelisierung einzuladen, die von dieser Freude geprägt ist, und um Wege für den Lauf der Kirche in den kommenden Jahren aufzeigen."

Der Papst spricht alle Getauften an, er spricht von einem „Zustand permanenter Mission" (25), den wir aufsuchen müssen, um allen Menschen die Liebe Gottes zu bringen und die große Gefahr zu vermeiden, in der die Welt heute lebt: Die individualistische Traurigkeit, eine Verbindung von Begehren, Oberflächlichkeit und innerem Abgeschottetsein.

Meditation

Freude ist ein Hoffnungswort, nach dessen Erfüllung viele Menschen sich vergeblich sehnen. Freude ist aber auch ein schillerndes Wort, so wie das Wort Liebe. Es kann Ausdruck von Menschlichkeit und tiefer Sehnsucht sein, aber auch von Oberflächlichkeit und Frivolität.

Der Papst aber versteht das Wort Freude als ein urbiblisches Wort.

In der Tat: Das Wort Freude durchzieht die gesamte Bibel, vor allem das Neue Testament. Das zeigt schon der Name; Evangelium bedeutet übersetzt: Frohe

Botschaft. Papst Franziskus geht den Spuren dieses Wortes nach, angefangen von den Propheten über die Geburt Jesu und die von ihm geschenkte Erlösung bis hin zur Freude der Jünger, als sie den auferstandenen Herrn sahen. In „großer Freude" gehen die Jünger und Jüngerinnen Jesu nach seiner Himmelfahrt nach Jerusalem zurück, um in großer Eintracht zusammen mit Maria, der Mutter Jesu, den Heiligen Geist zu empfangen und in seiner Kraft das Evangelium zu verkünden. Das ist das Konzept jeder Evangelisierung! Am Ende des irdischen Lebens wird dem getreuen Knecht gesagt „Geh ein in die Freude deines Herrn."
„Freude", sie ist ein Schlüsselwort des Papstes, auch wenn es andere Wörter gibt, die häufiger von ihm genannt werden: „Armut" zum Beispiel oder „Barmherzigkeit". Mit dem Schlüsselwort „Freude" macht Papst Franziskus auch deutlich, dass es ihm bei der Kirchenreform um eine biblische Erneuerung geht. Oder besser gesagt: Es geht um die Botschaft von Jesus Christus.
So schreibt der Papst: „Ich lade jeden Christen ein, gleich an welchem Ort und in welcher Lage er sich befindet, noch heute seine persönliche Begegnung mit Jesus Christus zu erneuern oder zumindest den Entschluss zu fassen, sich von ihm finden zu lassen ... niemand ist von der Freude ausgeschlossen, die der Herr uns bringt."
Die Freundschaft mit Jesus Christus hat aber Kon-

sequenzen, vor allem für die, die mit der Weitergabe des Glaubens beauftragt sind. Der Papst schreibt: „Folglich dürfte ein Verkünder des Evangeliums nicht ständig ein Gesicht wie bei einer Beerdigung haben. Gewinnen wir den Eifer zurück, mehren wir ihn und mit ihm die innige und tröstliche Freude der Verkündigung des Evangeliums, selbst wenn wir unter Tränen säen sollten. Die Welt von heute, die sowohl in Angst wie in Hoffnung auf der Suche ist, möchte die Frohbotschaft nicht aus dem Munde trauriger und mutlos gemachter Verkünder hören, die keine Geduld haben und ängstlich sind, sondern von Dienern des Evangeliums, deren Leben voller Glut erstrahlt, die als erste die Freude des Evangeliums haben."

Die Freude, zu der wir aufgefordert und eingeladen werden, ist zunächst einmal eine rein menschliche Qualität. Sich freuen können, sich freuen dürfen und anderen gerne ein Freude zu machen, zeichnet unser Menschsein aus. Die Gründerin des Instituts für Demoskopie Allensbach, Elisabeth Noelle Neumann, hat einmal gemahnt: „Die Kirche hat die Menschen das Mitleid gelehrt, sie sollte sie auch die Mitfreude lehren."

Das ist ein guter Rat, den wir auch in schwierigen Zeiten beherzigen sollten. Wir wissen ohnehin, dass unser Lebensweg nicht immer ein Höhenweg ist, sondern durch das tiefe Tal der Prüfungen und der Zweifel, der Dunkelheit und der Angst geht. Wir wissen als Christen: Selbst wenn dieser Weg zu einer schwindelnden Höhe führt, steht auf dem Gipfel das Kreuz. Auf dem schmalen Weg dorthin kann man leicht abstürzen, wenn man keinen erfahrenen Bergführer hat. Unser Wegweiser und Wegbegleiter aber ist Jesus Christus. Und nicht das Kreuz des Karfreitags ist unser Ziel, sondern die Auferstehung! Verlieren wir Ostern nicht aus dem Blick. Papst Franziskus sagt ganz plakativ: „Es gibt Christen, deren Lebensart erscheint wie eine Fastenzeit ohne Ostern."

„Es ist wahr, dass man die Freude nicht in allen Lebensabschnitten und Lebensumständen, die manchmal sehr hart sind, in gleicher Weise erlebt", gibt der Papst zu. Wörtlich;: „Ich verstehe die Menschen, die wegen der schweren Nöte, unter denen sie zu leiden haben, zur Traurigkeit neigen, doch nach und nach muss man zulassen, dass die Glaubensfreude zu erwachen beginnt."

Schließlich gibt Papst Franziskus eine Erfahrung weiter, die vielleicht manche von uns auch gemacht haben: „Ich kann wohl sagen, dass die schönsten und spontansten Freuden, die ich im Laufe meines Lebens gesehen habe, die ganz armer Leute waren, die wenig haben, an das sie sich klammern können." Es kommt wohl darauf an, aufmerksam und wachsam für die Freude zu sein.

Zum Nachdenken

Lachen und Weinen
liegen nahe beieinander.
Freude und Schmerz
sind enge Verwandte.
Nichts bleibt, wie es ist.
In der Begrüßung
liegt schon der Abschied.
Geboren zu werden
bedeutet zu sterben.
Doch die dunkelste Nacht
ist dem Morgen am nächsten.
Die Finsternis wird
vom Licht verschlungen.
der Tod weicht dem Leben.
Die unter Tränen sähen,
werden ernten mit Lachen.

Neue Mitte – an die Ränder gehen

Schriftlesung: Lk 19,1-10
Dann kam er nach Jericho und ging durch die Stadt. Dort wohnte ein Mann namens Zachäus; er war der oberste Zollpächter und war sehr reich. Er wollte gern sehen, wer dieser Jesus sei, doch die Menschenmenge versperrte ihm die Sicht; denn er war klein. Darum lief er voraus und stieg auf einen Maulbeerfeigenbaum, um Jesus zu sehen, der dort vorbeikommen musste.
Als Jesus an die Stelle kam, schaute er hinauf und sagte zu ihm: Zachäus, komm schnell herunter! Denn ich muss heute in deinem Haus zu Gast sein. Da stieg er schnell herunter und nahm Jesus freudig bei sich auf.
Als die Leute das sahen, empörten sie sich und sagten: Er ist bei einem Sünder eingekehrt. Zachäus aber wandte sich an den Herrn und sagte: Herr, die Hälfte meines Vermögens will ich den Armen geben, und wenn ich von jemand zu viel gefordert habe, gebe ich ihm das Vierfache zurück.
Da sagte Jesus zu ihm: Heute ist diesem Haus das Heil geschenkt worden, weil auch dieser Mann ein Sohn Abrahams ist. Denn der Menschensohn ist gekommen, um zu suchen und zu retten, was verloren ist.

Meditation

Papst Franziskus fordert immer wieder dazu auf, „an die Ränder, an die Peripherie zu gehen". Dazu hatte er schon wenige Tage vor seiner Wahl die Kardinäle aufgerufen. Aber was heißt das: „an die Ränder gehen"? Die Antwort ist einfach: Jesus ist die Mitte! Und so stellen wir uns die Kirche vor, das Volk Gottes um Jesus Christus versammelt, sozusagen in inneren und äußeren Kreisen. Den inneren Kreis bilden die Gottesdienstbesucher und natürlich die Hierarchie, vielleicht noch die Ordensleute. Christen, die ihre Kirchensteuer bezahlen, aber sich im Übrigen nicht am Leben der Pfarrei beteiligen, dürfen sich noch zu einem der äußeren Kreise zählen.

Doch: Stimmt das Bild von der *Mitte* und von den inneren und äußeren Kreisen? Wer bestimmt, was innen und was außen ist? Das Kirchenrecht? Die Moraltheologie? Oder etwas ganz anderes: Die Kultur? Die Sprache? Die Bildung?

Zur Beantwortung der Frage ist es hilfreich, wenn wir weit zurück in die Kulturgeschichte schauen. Die antiken Völker verstanden sich als Teil eines ewigen Kreislaufs, so wie sie ihn im Jahreskreis und im eigenen Lebenslauf vorfanden. Die Götter, die sie verehrten, hatten ihren festen, unverrückbaren Platz.

Ganz anders aber ist die Erfahrung des Volkes Israel. Sein Leben besteht aus einem ständigen Unterwegssein. Die Stammväter werden wegen der Hungersnot nach Ägypten geführt, doch das gastfreundliche Land wird zu einem Land der Unterdrückung. Gott jedoch erbarmt sich seines Volkes und führt hinaus aus dem Sklavenland. Gott geht seinem Volk voraus, geht vierzig Jahre mit seinem Volk durch die Wüste in das Gelobte Land. Jahwe ist nicht bei den Besitzenden, den Reichen und den Satten, er ist bei den Gefährdeten, den Hungernden, bei den Menschen auf der Flucht, aber auch bei den Zögernden und Murrenden. Sie alle will er zu dem einen Ziel führen: in das Gelobte Land. Volk Gottes unterwegs!

Volk Gottes unterwegs! Das Neue Testament hat dieses Bild aufgegriffen, und das Zweite Vatikanische Konzil hat dieses Bild zu einem seiner Lieblingsbilder gemacht: Volk Gottes unterwegs, nicht ziellos, sondern dem ewigen Ziel entgegen, nicht führerlos, sondern mit Jesus Christus als Hirte und Führer unseres Lebens.

Wo ist jetzt die *Mitte?* Natürlich dort, wo Jesus ist! Jesus folgt aber nicht den Gesetzen der Hierarchie. Für ihn ist die Mitte nicht nur dort, wo Menschen ihn verehren und in seinem Auftrag Autorität besitzen, sondern er ist dort, wo Menschen ihn brauchen, aber auch dort, wo sie ihn gar nicht vermuten.

Durch Jesus Christus wird der Rand zur Mitte. Denn in die Mitte stellt er die, die sonst am Rand stehen:

ein Kind; den Mann mit der verdorrten Hand; den Zöllner; die gekrümmte Frau; die Dirne, die ihm die Füße wäscht; die Ehebrecherin, die er vor der Steinigung schützt, den Mitgekreuzigten, dem er verheißt: „Noch heute wirst du bei mir im Paradiese sein". Er stellt auch den Simon Petrus, der ihn verleugnet hat, wieder in die Mitte: „Liebst du mich mehr als diese?" In seinem öffentlichen Leben war Jesus der Mittelpunkt. Er stand wie ein Star in der Mitte. Aber das änderte sich, als es zum Konflikt kam. Jesus wird an den Rand gedrängt. Schlimmer noch: Er wird ausgestoßen. Er wird außerhalb der Stadt gekreuzigt, ausgestoßen aus der Mitte seines Volkes, ausgestoßen von den Frommen und Gesetzestreuen. Jesus wird dort gekreuzigt, wo die Leprakranken und die Obdachlosen hausen, wo die Verbrecher hingerichtet werden, und schafft so eine neue *Mitte.* Seine Verkündigung erreicht ihren Höhepunkt, wenn er verheißt, dass denen das Reich Gottes offensteht, die Menschen am Rand entdecken und ihnen Gutes tun (vgl. Mt 25,31-46).

Diesen Weg möchte Papst Franziskus mit seiner Kirchen gehen. Er möchte die Kirche von einer falsch verstandenen Mitte zu den Rändern führen. Papst Franziskus lässt keinen Zweifel aufkommen, dass Jesus Christus selbstverständlich die *Mitte* ist. Daran besteht kein Zweifel. Aber diesen Jesus finden wir eher an den Rändern als in der von uns bezeichneten Mitte.

Schlagzeilen gab es, die lauteten: Papst Franziskus will eine andere Kirche." Das ist falsch! Der Papst will keine andere Kirche. Er will die Kirche anders. Nicht alle im Vatikan müssen so leben wie er. Aber alle sollen sich zu den Rändern bewegen. Darum verabscheut er ausufernde klerikale Eitelkeit und monarchisches Gehabe. Er wünscht sich von seiner Kirche eine „missionarische Dynamik", er fordert die Hirten auf, „den Geruch der Schafe anzunehmen", ihm ist eine „verbeulte Kirche, die verletzt und beschmutzt ist, weil sie auf die Straßen hinausgegangen ist, lieber als eine Kirche, die aufgrund ihrer Verschlossenheit und ihrer Bequemlichkeit, sich an die eigenen Sicherheiten zu klammern, krank ist". Er wünscht sich eine „arme Kirche für die Armen". „Die Kirche soll kein Zollhaus sein, an dem kontrolliert wird, sondern das Vaterhaus für alle." „Die eucharistische Speise ist keine Belohnung für die Vollkommenen, sondern eine Nahrung für die Schwachen." „Ich will keine Kirche, die besorgt ist, der Mittelpunkt zu sein."

Das sind Zitate mit starken Bildern, die längst in Büchern gesammelt oder in Abreißkalendern gedruckt werden. Die Forderung des Papstes nach kirchlichen Reformen geht einher mit harscher Kritik an zügellosem Kapitalismus, der eine „neue Tyrannei" in der globalisierten Welt darstellt.
Machen wir uns nichts vor: Jeder und jede möchte

lieber im Mittelpunkt stehen als am Rande zu bleiben. Mit „Rand“ assoziieren wir doch: Randgruppen, Randfiguren, Randerscheinungen. Der Rand ist – in vielfältiger Hinsicht – nicht besonders attraktiv. Wenn wir als Christen dennoch den Rändern besondere Aufmerksamkeit widmen, dann, weil wir dort Jesus Christus finden. Er ist die Mitte. Er ist das Zentrum. Er ist die Quelle. Er gibt uns die Kraft, nicht aus Selbstverliebtheit tatenlos zu sein, sondern aus Nächstenliebe zu handeln, nicht ichbezogen zu sein, sondern das Wir-Gefühl zu stärken.
Dabei werden wir eine freudige Erfahrung machen: Menschen am Rand sind oft zugänglicher und kreativer, sie verfügen über mehr Lebenserfahrung, sie sind oft Kämpfernaturen, die sich vom Rand zur Mitte hin durchboxen. In der „Mitte“ ist es oft langweilig oder wir sind selber diese Langweiler mit den immer gleichen Geschichten.
Unsere Kirche, die immer noch stark europäisch und römisch-katholisch geprägt ist, wird reicher, bunter und wertvoller, wenn sie sich den Rändern zuwendet, wenn sie, wie der Papst es fordert, eine Kirche der „offenen Türen“ ist. „Manchmal ist die Kirche wie der Vater des verlorenen Sohnes, der die Tür offen lässt, damit der Sohn, wenn er zurückkommt, ohne Schwierigkeiten eintreten kann.“ Aber es genügt Papst Franziskus nicht, die Türen offen zu halten, er wünscht auch, dass wir die Schwellen niedriger legen und dass

wir durch die Türen auf die Menschen zugehen. „Die Liebe Christi drängt uns."
Doch eine Kirche der offenen Türen, eine Kirche, die an die Ränder geht, wird feststellen, dass sie nicht überall willkommen ist. Wir dürfen uns nicht wundern, wenn das kritische Wort der Kirche sie eher an den Rand bringt, statt Zustimmung zu finden. So trägt sie Jesus das Kreuz nach. Wenn wir als Christen an den Rand der Gesellschaft gedrängt werden, nicht aus eigener Schuld, sondern wegen der Botschaft des Evangeliums, dann ist das der Platz, den Gott uns zuweist. Solange wir Christus an diesem Platz finden und eine demütige Kirche sind, die furchtlos das Evangelium der Freude verkündet, befinden wir uns in der Mitte. Auch wenn wir nicht der Mittelpunkt sind.

Zum Nachdenken

Herr,
ich sehe oft nur unfruchtbaren Boden,
scheinbar nutzlose Plagerei,
die Ochsentour des Lebens,
das Unkraut und die Hitze des Tages,
Belehrung vor tauben Ohren,
fruchtlosen Einsatz für das Evangelium.
Du aber schenkst das aufkeimende Feld,
das zarte Grün auf Winterfeldern,
die dreißig-, fünfzig-, hundertfältige Frucht.

Mit dem Herzen schenken

Eine Form der Barmherzigkeit ist das Almosen. Man gibt es dem Bettler in der Fußgängerzone oder dem Hilfesuchenden an der Haustür. Auch die Kollekte im Gottesdienst ist ein Almosen. Ein Almosen ist schnell gegeben und fordert keine größere emotionelle Betroffenheit. Ein Almosen gibt es selten auf Augenhöhe, es kommt von oben herab. Betroffene Menschen reagieren manchmal wütend: „Ich will keine Almosen, ich will Gerechtigkeit."

Die heilige Elisabeth hat von ihrer Mutter gelernt, den bettelnden Menschen an der Tür Almosen zu geben. Sie hat es immer öfter getan. Und je öfter sie den hilfsbedürftigen Menschen begegnete, umso tiefer beugte sie sich zu ihnen herab. Schließlich erkannte sie in ihnen Jesus Christus.

Barmherzigkeit achtet die Würde des Menschen oder gibt sie ihm zurück, so dass beide auf gleicher Augenhöhe stehen. Auch der, der nichts Materielles hat, was er schenken kann, kann einem anderen das Geschenk der Hochachtung und des Respekts schenken. Dieses Geschenk ist umso wertvoller, je tiefer der andere Mensch gefallen ist, je weniger er davon überzeugt ist, dass der Mitmensch ihm Respekt bezeugt. So gewinnt der betroffene Mensch das Gefühl zurück, dass er etwas wert ist.

Von dem Dichter Rainer Maria Rilke wird erzählt, dass

er in Paris eine Bettlerin beobachtete, die das Geld, das man ihr zusteckte, rasch in der Manteltasche verschwinden ließ. Ohne Dank. Eines Tages bleibt Rilke mit einem Freund bei der Alten stehen und legt in ihre Hand eine Rose. Die Bettlerin steht auf, ergreift die Hand des Dichters, küsst sie und geht eilends davon. Verwundert fragt der Freund, warum diese Gabe eine solche Wirkung zeige. Rilke sagt: „Man muss ihrem Herzen schenken, nicht ihrer Hand." Drei Tage lang, so beobachtet der Dichter Rilke mit seinem Freund, sitzt die Bettlerin nicht an ihrem gewohnten Platz. „Wovon hat sie all die Tage gelebt, da niemand ihr Geld in die Hand legte?", fragt der Freund. Rilkes Antwort: „Von der Rose."

Jesus, der Samariter

Wenn Jesus dieses schöne Gleichnis vom barmherzigen Samariter erzählt, dann spricht er auch von sich selber. Er ist der barmherzige Samariter, der die unter die Räuber Gefallenen aufliest. Er geht alle Wege mit – nicht nur, wenn unser Weg schön und vielversprechend ist, wenn er ausgeleuchtet ist vom Glauben und wenn die Hinweisschilder der Hoffnung die Richtung anzeigen. Jesus kommt uns auch dort entgegen, wo unser Weg dunkel ist, in einer Sackgasse endet oder von den Mächten der Finsternis bedroht ist. Er

gießt das Öl und den Wein der Sakramente in unsere Wunden und verbindet sie mit dem heilenden Wort des Evangeliums. Einmal wird er uns in die Herberge des ewigen Lebens führen.
Weil wir aus dieser Zuversicht leben, dass nämlich Jesus Christus an unserer Seite steht, können wir glaubwürdige Samariter und vertrauenswürdige Herbergsleute sein. Wir sind nicht besser als die anderen, aber wir haben als Christen eine besondere Motivation. Heute versuchen alle katholischen und auch evangelischen Einrichtungen und Institutionen – vom Kindergarten über die Schule bis hin zu Krankenhäusern und Berufsbildungswerken –, ihr religiöses Profil zu formulieren und zu schärfen. Es sollte heute auch möglich sein, dass Menschen anderer Konfessionen oder Religionen oder auch Nichtglaubende in unseren Einrichtungen arbeiten. Aber sie müssen wissen, dass unser Fundament Jesus Christus ist. Da reicht es nicht, dass überall das Kreuz hängt, sondern jedermann und jede Frau muss spüren, dass es Jesus ist, der die unter die Räuber Gefallenen in unsere Hände gibt und dass es unsere vornehmste Aufgabe ist, dem Leben zu dienen. Jesus ist der von Gott gesandte Samariter. Er zahlt den Preis, den wir treuhänderisch verwalten. Was für eine große Aufgabe! Was für eine Ehre! Mitarbeiterinnen und Mitarbeiter Gottes zu sein.

Flügel gegen die lähmende Angst

Ich möchte nicht wissen, wie viele Christen noch das Bild eines eifernden und rachsüchtigen Gottes im Kopf haben. Ein Bild, wie es in einem bayerischen Museum zu sehen ist: Der richtende Gott erhebt grimmig das Schwert, um auf die sündige Menschheit einzuschlagen. Doch Jesus fällt ihm ins Schwert und hält das Strafgericht auf.

Ist Gott wirklich so? Muss er umgestimmt, besänftigt und versöhnt werden, damit er die Menschheit nicht straft?

Eine kleine Erzählung fällt mir dazu ein: Als die schwedische Schriftstellerin Astrid Lindgren 1978 den Friedenspreis des Deutschen Buchhandels erhielt, bedankte sie sich mit folgendem Text: „Eine junge Mutter war mit dem Bibelspruch aufgewachsen: Wer die Rute schont, verdirbt sein Kind ..." Eines Tages hatte ihr kleiner Sohn etwas getan, wofür er nach Meinung der Mutter eine Tracht Prügel verdient hatte, die erste in seinem Leben. Sie trug ihm auf, in den Garten zu gehen und nach einem Stock zu suchen. Der kleine Junge blieb lange fort. Schließlich kam er weinend zurück und sagte: „Ich habe keinen Stock finden können, aber hier hast du einen Stein, den kannst du ja nach mir werfen." Da fing die Mutter an zu weinen, denn plötzlich sah sie alles mit den Augen des Kindes. Das Kind musste gedacht haben, meine

Mutter will mir wirklich weh tun, das kann sie auch mit einem Stein." Da nahm die Mutter ihr Kind in die Arme und beide weinten gemeinsam.
So handelt eine Mutter. Von Gott aber heißt es in der Bibel: „Selbst wenn eine Mutter ihr Kind vergessen könnte, ich vergesse dich nicht!" Und ein Wort aus dem Johannesevangelium kommt mir in den Sinn: „Gott hat seinen Sohn nicht in die Welt gesandt, damit er sie richte, sondern damit er die Welt rette."
Darum ersetzen wir das Bild des rächenden Gottes durch ein anderes Bild: In der Kunstgeschichte heißt dieses Bild, oft ist es auch eine Plastik, „der Gnadenstuhl". Es zeigt den himmlischen Vater, der seinen am Kreuz hängenden Sohn in Händen hält und den Menschen zeigt. Über Vater und Sohn schwebt der Heilige Geist als Taube. Die Deutung dieses Bildes ergibt sich aus einem Satz bei der Spendung des Bußsakramentes: „Gott, der allmächtige Vater, hat durch den Tod und die Auferstehung seines Sohnes die Welt mit sich versöhnt und den Heiligen Geist gesandt zur Vergebung der Sünden."
Auf die Frage „Sind wir noch zu retten?" gibt die Bibel eine eindeutige Antwort. Mehr als hundert Mal kommt das Wort „Rettung" in der Bibel vor und noch öfter das Tätigkeitswort „retten". Als Gottes Sohn zur Erde kommt und Mensch wird, heißt es: „Christ, der Retter, ist da!" Weil wir persönlich darauf vertrauen, gerettet zu werden, können wir uns mit ganzer Kraft

einsetzen für die Rettung der Menschen und die Bewahrung der Schöpfung. Nicht ein Rachegott bringt die Welt an den Rand des Abgrunds, sondern die Unversöhnlichkeit unter den Menschen, die Habgier und die Gleichgültigkeit.
Astrid Lindgren beendet ihre Erzählung mit dem Zusatz: „Die Mutter legte den Stein auf ein Bord in der Küche, und dort blieb er liegen als ständige Mahnung an das Versprechen, das sie sich selbst in dieser Stunde gegeben hatte: Niemals Gewalt!“

Zum Nachdenken

Die Kirche hat Irrtümern zu allen Zeiten widerstanden, oft hat sie sie auch verurteilt, manchmal mit großer Strenge. Heute dagegen möchte die Braut Christi lieber das Heilmittel der Barmherzigkeit anwenden, als die Waffe der Strenge zu erheben. Sie will sich als eine sehr liebevolle, gütige und geduldige Mutter erweisen, voller Erbarmung und Wohlwollen gegenüber den Kindern, die sie verlassen haben.

Papst Johannes XXIII., Ansprache zur Eröffnung des Zweiten Vatikanischen Konzils, 11. Oktober 1962

Zitate über die Barmherzigkeit

Zitate aus der Bibel

Altes Testament

Der Herr, dein Gott, hat dich auf dem ganzen Weg, den ihr gewandert seid, getragen, wie ein Vater seinen Sohn trägt.

Dtn 1,31b

Wenn ihr zum Herrn zurückkehrt, werden eure Brüder und Söhne Erbarmen finden bei denen, die sie als Gefangene weggeführt haben. Sie werden in dieses Land zurückkehren dürfen; denn der Herr, euer Gott, ist gnädig und barmherzig.

2 Chr 30,9

Zerreißt eure Herzen, nicht eure Kleider, und kehrt um zum Herrn, eurem Gott! Denn er ist gnädig und barmherzig, langmütig und reich an Güte und es reut ihn, dass er das Unheil verhängt hat.

Joel 2,13

Kein Fremder musste draußen übernachten, dem Wanderer tat meine Tür ich auf.

Ijob 31,32

Barmherzigkeit rettet vor dem Tod und reinigt von jeder Sünde. Wer barmherzig und gerecht ist, wird lange leben.

Tob 12,9

Du bist ein Gott, der verzeiht, du bist gnädig und barmherzig, langmütig und reich an Huld; darum hast du sie nicht verlassen.

Neh 9,17b

Schaut auf die früheren Generationen und seht: Wer hat auf den Herrn vertraut und ist dabei zuschanden geworden? Wer hoffte auf ihn und wurde verlassen? Wer rief ihn an und er erhörte ihn nicht? Denn gnädig und barmherzig ist der Herr; er vergibt die Sünden und hilft zur Zeit der Not.

Sir 2,10-11

Der Herr ist barmherzig und gnädig, langmütig und reich an Güte. Er wird nicht immer zürnen, nicht ewig im Groll verharren. Er handelt an uns nicht nach unsern Sünden und vergilt uns nicht nach unsrer Schuld.

Ps 103,8-10

Der Herr ist gnädig und barmherzig, langmütig und reich an Gnade. Der Herr ist gütig zu allen, sein Erbarmen waltet über all seinen Werken.

Ps 145,8-9

Neues Testament

Selig die Barmherzigen, denn sie werden Erbarmen finden.

Mt 5,7

Liebt eure Feinde und betet für die, die euch verfolgen, damit ihr Söhne eures Vaters im Himmel werdet; denn er lässt seine Sonne aufgehen über Bösen und Guten, und er lässt es regnen über Gerechte und Ungerechte.

Mt 5,44-45

Erlass uns unsere Schulden, wie auch wir sie unseren Schuldnern erlassen haben.

Mt 6,12

Lernt, was es heißt: Barmherzigkeit will ich, nicht Opfer. Denn ich bin gekommen, um die Sünder zu rufen, nicht die Gerechten.

Mt 9,13

Kommt alle zu mir, die ihr euch plagt und schwer Lasten zu tragen habt. Ich werde euch Ruhe verschaffen.

Mt 11,28

Petrus trat zu ihm und fragte: Herr, wie oft muss ich meinem Bruder vergeben, wenn er sich gegen mich versündigt? Siebenmal? Jesus sagte zu ihm: Nicht siebenmal, sondern siebenundsiebzigmal.

Mt 18,21-22

Amen, ich sage euch, was ihr für den Geringsten meiner Brüder getan habt, das habt ihr mir getan.

Mt 25,40

Seid barmherzig, wie es auch euer Vater ist!

Lk 6,36

Ich bin die Tür, wer durch mich hineingeht, wird gerettet werden.

Joh 10,9b

Seid gütig zueinander, seid barmherzig, vergebt einander, weil auch Gott euch durch Christus vergeben hat.

Eph 4,32

Seid alle eines Sinnes, voll Mitgefühl und brüderlicher Liebe, seid barmherzig und demütig! Vergeltet nicht Böses mit Bösem noch Kränkung mit Kränkung! Stattdessen segnet; denn ihr seid dazu berufen, Segen zu erlangen.

1 Petr 3,8-9

Wer Barmherzigkeit übt, der tue es freudig.

Röm 12,8b

Das Gericht ist erbarmungslos gegen den, der kein Erbarmen gezeigt hat. Barmherzigkeit aber triumphiert über das Gericht.

Jak 2,13

Da hörte ich eine laute Stimme vom Himmel her rufen: Seht die Wohnung Gottes unter den Menschen! Er wird in ihrer Mitte wohnen und sie werden sein Volk sein und er, Gott, wird bei ihnen sein. Er wird alle Tränen von ihren Augen abwischen: Der Tod wird nicht mehr sein. Keine Trauer, keine Klage, keine Mühsal. Denn was früher war, ist vergangen.

Offb 21,3-4

Zitate von Heiligen

Seht, ich habe es immer gesagt, man muss die Menschen froh machen.

Elisabeth Landgräfin von Thüringen (1207–1231)

Unser Herr fragt nicht so sehr nach der Bedeutsamkeit unserer Tätigkeiten, als vielmehr nach der Liebe, mit der wir sie verrichten.

Teresa von Ávila (1515–1582)

Am Abend unseres Lebens werden wir nach der Liebe gerichtet werden.

Johannes vom Kreuz (1542–1591)

Meine Vergangenheit kümmert mich nicht mehr, sie gehört dem göttlichen Erbarmen. Meine Zukunft kümmert mich noch nicht, sie gehört der göttlichen Vorsehung. Was mich kümmert und fordert, ist das Heute. Das aber gehört der Gnade Gottes und der Hingabe meines guten Willens.

Franz von Sales (1567–1622)

Für glanzvolle Taten findet Gott genügend Arbeiter, doch für unscheinbares Wirken, da braucht er noch viele.

Vinzenz von Paul (1581–1660)

Das Beste was wir auf der Welt tun können, ist: Gutes tun, fröhlich sein und die Spatzen pfeifen lassen.

Johannes Don Bosco (1815–1888)

Wer Liebe und Barmherzigkeit haben will, muss sie selbst geben und gewähren.

Adolph Kolping (1813–1865)

Gott, alles beginnt mit deiner Barmherzigkeit und es endet in deiner Barmherzigkeit. Alle Gnaden fließen aus der Barmherzigkeit und die letzte Stunde ist voller Barmherzigkeit für uns.

Schwester Faustina Kowalska (1905–1938),

Aller Prunk dieser Welt vergeht, all die falschen Siege. Die Liebe aber vergeht nicht. Was auch nicht vergeht, ist das Bemühen, Geld, Besitztümer und das eigene Schaffen zu einem Dienst an den anderen gemacht zu haben; das Glück, alle Menschen als Geschwister erfahren und mit ihnen geteilt zu haben.

Bischof Oscar Romero (1917–1980)

Es gibt einen Hunger nach dem täglichen Brot und einen Hunger nach Liebe, Freundlichkeit und gegenseitiger Achtung. Eben dies ist die große Armut, unter der die Menschen heute so leiden.

Mutter Teresa (1910 – 1997)

Quellenverzeichnis

S. 18/19: Dom Hélder Câmara, „Du bist der Vater …“. Aus: Mach aus mir einen Regenbogen, Pendo-Verlag, Zürich 1981.

S. 32, 41, 49, 50, 60, 70, 90, 97: © Gerhard Eberts, aus: Sendbote, Zeitschrift der Missionare von der Heiligen Familie

Alle Bibelzitate Einheitsübersetzung der Hl. Schrift © 1980 Katholische Bibelanstalt, Stuttgart

Verwendete Literatur

Apostolisches Schreiben EVANGELII GAUDIUM des Heiligen Vaters, Papst Franziskus; Verlautbarungen des Apostolischen Stuhls Nr. 194; Deutsche Bischofskonferenz 2013

Heinz Schürmann, Das Lukasevangelium. Herders theologischer Kommentar zum Neuen Testament, Bd 3, Herder 1969